야마다 고로 지음   권효정 옮김

YUNA

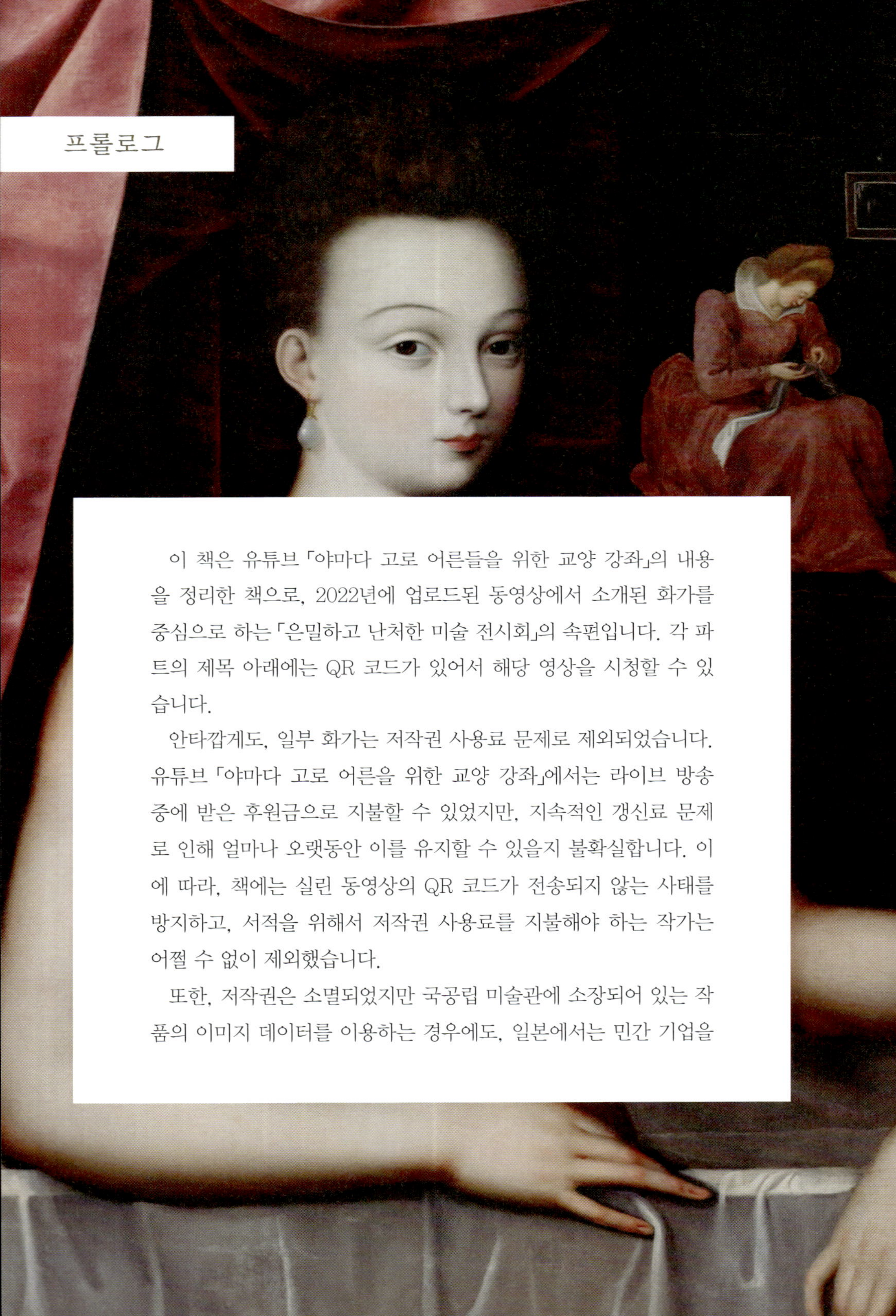

　이 책은 유튜브 「야마다 고로 어른들을 위한 교양 강좌」의 내용을 정리한 책으로, 2022년에 업로드된 동영상에서 소개된 화가를 중심으로 하는 「은밀하고 난처한 미술 전시회」의 속편입니다. 각 파트의 제목 아래에는 QR 코드가 있어서 해당 영상을 시청할 수 있습니다.

　안타깝게도, 일부 화가는 저작권 사용료 문제로 제외되었습니다. 유튜브 「야마다 고로 어른을 위한 교양 강좌」에서는 라이브 방송 중에 받은 후원금으로 지불할 수 있었지만, 지속적인 갱신료 문제로 인해 얼마나 오랫동안 이를 유지할 수 있을지 불확실합니다. 이에 따라, 책에는 실린 동영상의 QR 코드가 전송되지 않는 사태를 방지하고, 서적을 위해서 저작권 사용료를 지불해야 하는 작가는 어쩔 수 없이 제외했습니다.

　또한, 저작권은 소멸되었지만 국공립 미술관에 소장되어 있는 작품의 이미지 데이터를 이용하는 경우에도, 일본에서는 민간 기업을

통해 고액의 수수료를 지불해야 하는 경우가 있습니다. 공공의 재산이라 할지라도 작품 이미지 데이터의 합법적 이용에 높은 비용과 노력이 필요한 경우가 있는데, 이는 미술서적 출판 및 미술에 관한 방송 프로그램 제작에 대한 장벽으로 작용합니다. 이는 미술 애호가로서도 매우 안타깝게 생각되는 현상입니다.

이 어려운 상황 속에서도, 매주 동영상을 촬영하고 편집해 주시는 토한기획의 스태프와 시청자 분들의 응원, 그리고 제멋대로인 요청이나 변덕스런 변경 사항에도 지치지 않고 이 책을 만들어주신 본문 디자이너 곤도 미도리씨, 표지 디자이너 오구치 쇼헤이씨, 나라오카 나츠미씨, 타카라지마 출판사의 마루야마 토시씨, 야토미 토모코씨 두 분께, 그리고 이 책의 독자 분들께 진심으로 감사드립니다.

야마다 고로

차례

한눈에 보는 서양 미술사 연표

고딕 ~ 근대

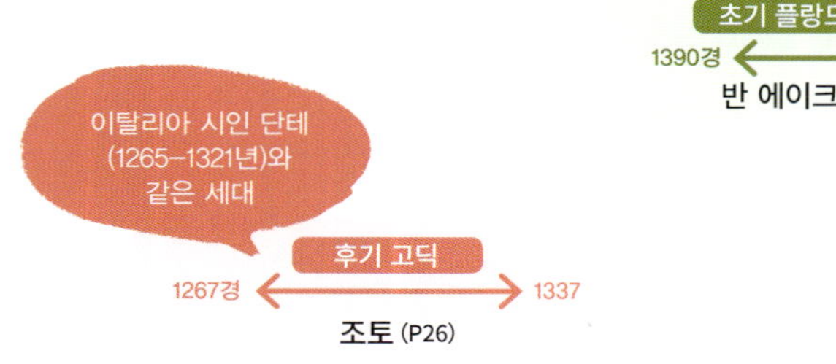

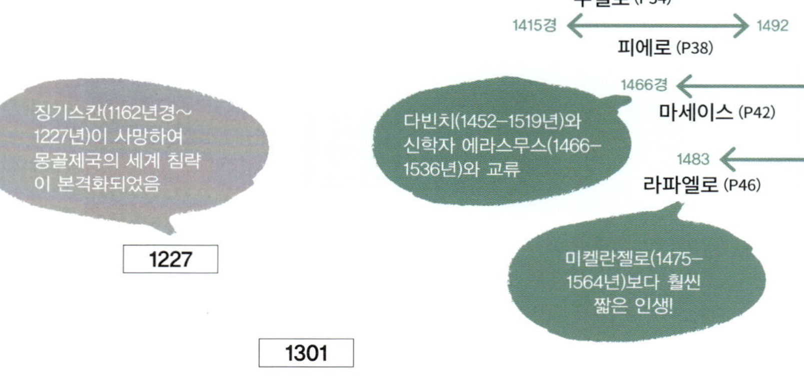

서양 사회 주요 사건

1200	1300		1400			
04 제4회 십자군에 의한 콘스탄티노블 약탈	99 오스만 제국 성립	09 로마교황 아비뇽 유수(~1377) · 37 백년전쟁(~1453)	96 니코폴리스 전투	38 페라라 피렌체 공의회	53 비잔틴 제국 멸망	86 《마녀를 심판하는 철퇴》 말레우스 말레피카룸 출판

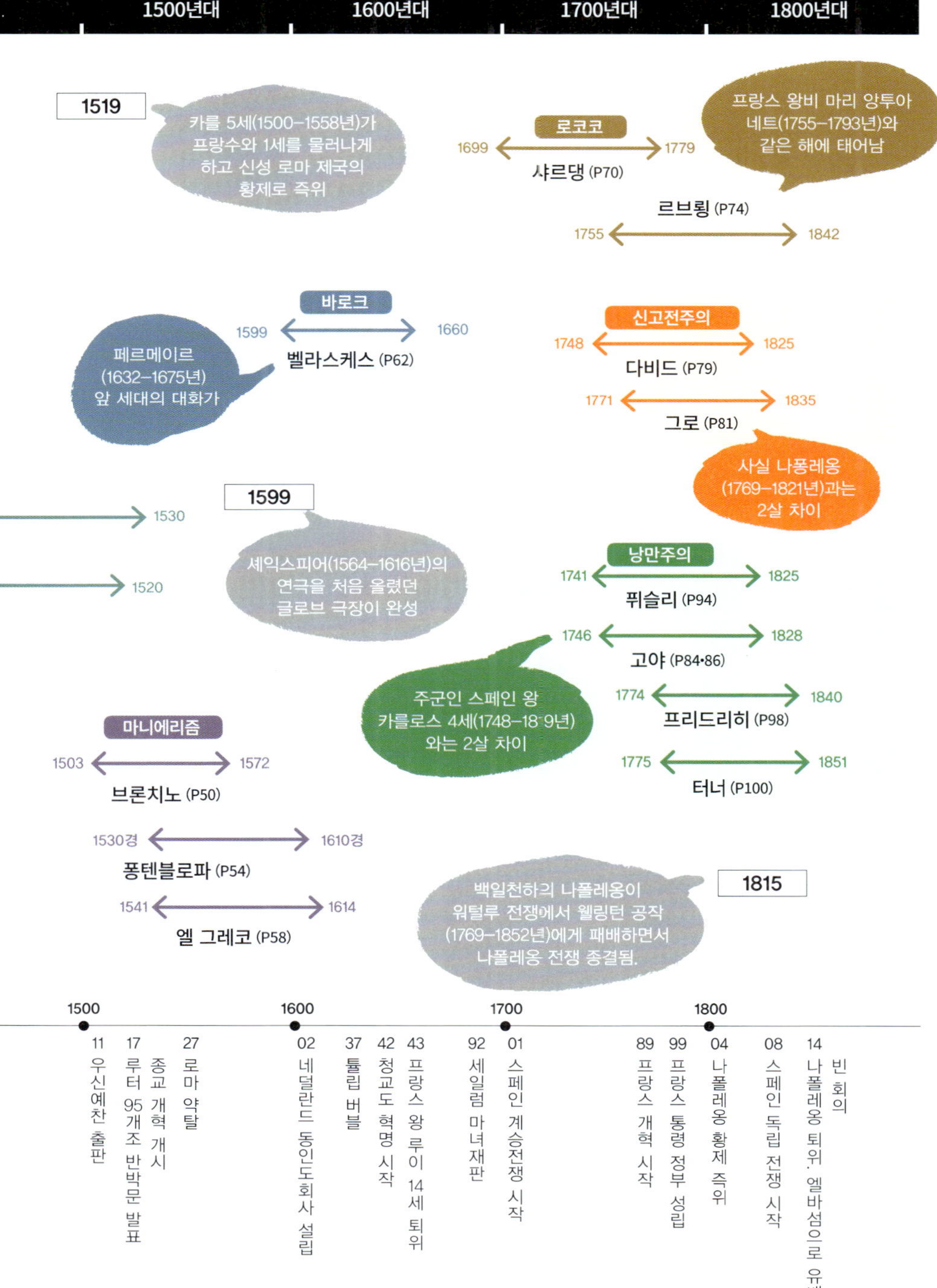

1500년대
1600년대
1700년대
1800년대
1519
카를 5세(1500–1558년)가 프랑수와 1세를 물러나게 하고 신성 로마 제국의 황제로 즉위
로코코
1699
1779
샤르댕 (P70)
프랑스 왕비 마리 앙투아네트(1755–1793년)와 같은 해에 태어남
르브룅 (P74)
1755
1842
바로크
1599
1660
벨라스케스 (P62)
페르메이르 (1632–1675년) 앞 세대의 대화가
신고전주의
1748
1825
다비드 (P79)
1771
1835
그로 (P81)
사실 나폴레옹 (1769–1821년)과는 2살 차이
1530
1520
1599
셰익스피어(1564–1616년)의 연극을 처음 올렸던 글로브 극장이 완성
낭만주의
1741
1825
퓌슬리 (P94)
1746
1828
고야 (P84·86)
주군인 스페인 왕 카를로스 4세(1748–1819년)와는 2살 차이
1774
1840
프리드리히 (P98)
1775
1851
터너 (P100)
마니에리즘
1503
1572
브론치노 (P50)
1530경
1610경
퐁텐블로파 (P54)
1541
1614
엘 그레코 (P58)
백일천하의 나폴레옹이 워털루 전쟁에서 웰링턴 공작 (1769–1852년)에게 패배하면서 나폴레옹 전쟁 종결됨.
1815
1500
1600
1700
1800
11 우신예찬 출판
17 루터 95개조 반박문 발표
27 종교 개혁 개시
27 로마 약탈
02 네덜란드 동인도회사 설립
37 튤립 버블
42 청교도 혁명 시작
43 프랑스 왕 루이 14세 퇴위
92 세일럼 마녀재판
01 스페인 계승전쟁 시작
89 프랑스 개혁 시작
99 프랑스 통령 정부 성립
04 나폴레옹 황제 즉위
08 스페인 독립 전쟁 시작
14 나폴레옹 퇴위, 엘바섬으로 유배
빈 회의

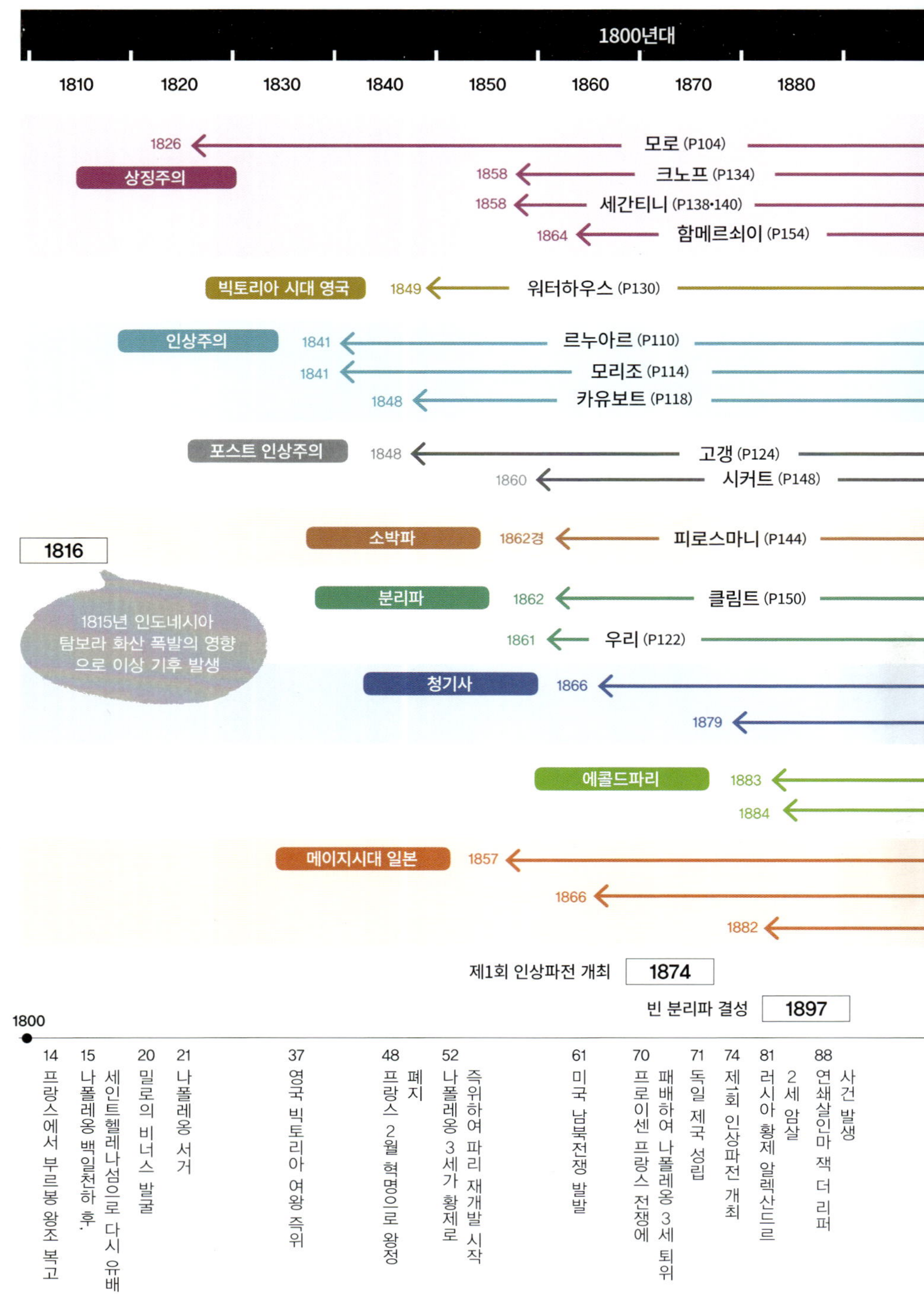

1800년대
1810 1820 1830 1840 1850 1860 1870 1880
1826 모로 (P104)
상징주의
1858 크노프 (P134)
1858 세간티니 (P138·140)
1864 함메르쇠이 (P154)
빅토리아 시대 영국 1849 워터하우스 (P130)
인상주의 1841 르누아르 (P110)
1841 모리조 (P114)
1848 카유보트 (P118)
포스트 인상주의 1848 고갱 (P124)
1860 시커트 (P148)
소박파 1862경 피로스마니 (P144)
분리파 1862 클림트 (P150)
1861 우리 (P122)
청기사 1866
1879
에콜드파리 1883
1884
메이지시대 일본 1857
1866
1882
제1회 인상파전 개최 1874
빈 분리파 결성 1897
1816
1815년 인도네시아 탐보라 화산 폭발의 영향으로 이상 기후 발생
1800
14 프랑스에서 부르봉 왕조 복고
15 나폴레옹 백일천하 후, 세인트헬레나섬으로 다시 유배
20 밀로의 비너스 발굴
21 나폴레옹 서거
37 영국 빅토리아 여왕 즉위
48 프랑스 2월 혁명으로 왕정 폐지
52 나폴레옹 3세가 황제로 즉위하여 파리 재개발 시작
61 미국 남북전쟁 발발
70 패배하여 나폴레옹 3세 퇴위 프로이센 프랑스 전쟁에
71 독일제국 성립
74 제1회 인상파전 개최
81 러시아 황제 알렉산드르 2세 암살
88 연쇄살인마 잭 더 리퍼 사건 발생

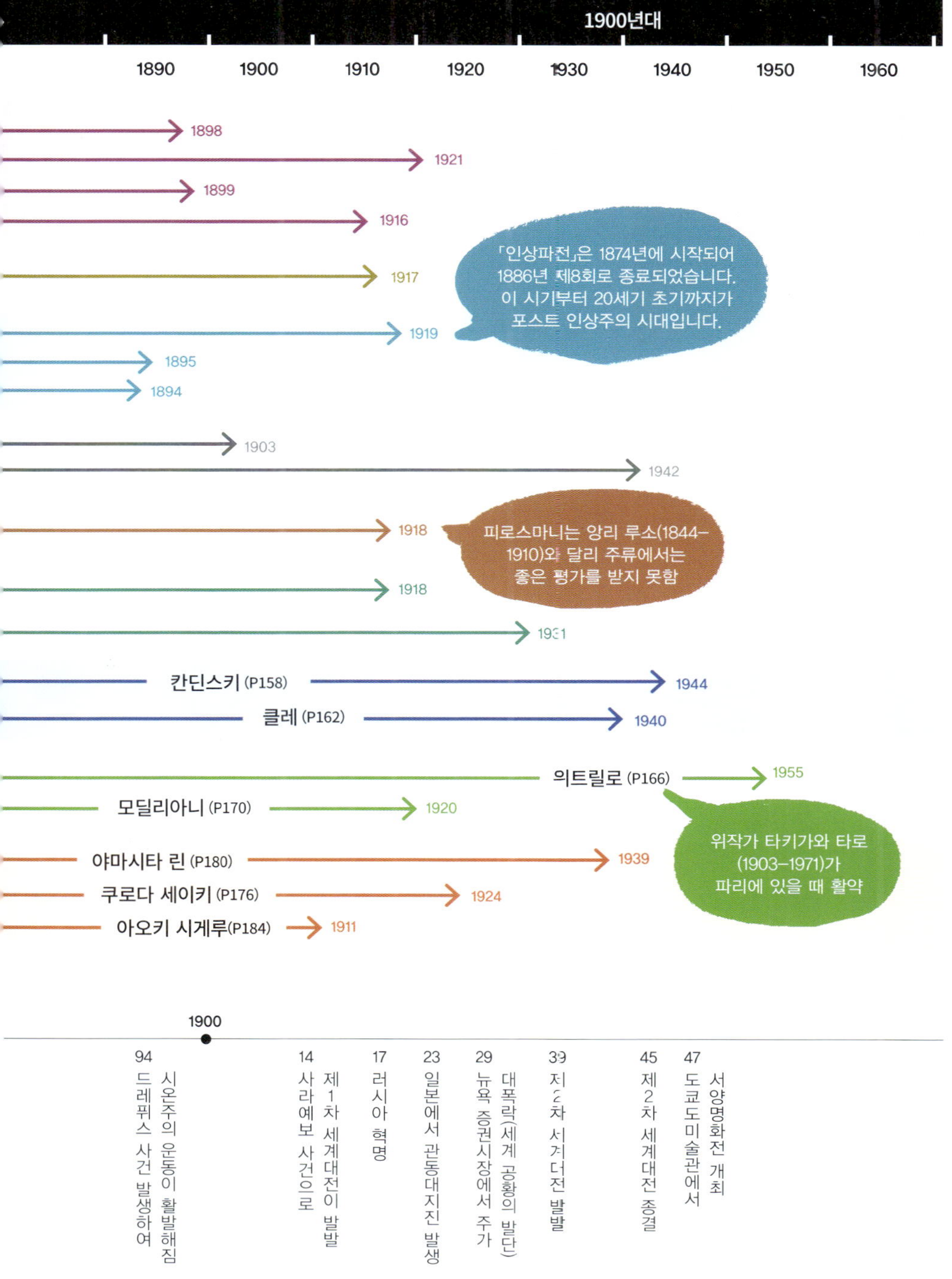
1900년대
1890 1900 1910 1920 1930 1940 1950 1960
1898
1921
1899
1916
1917
1919
1895
1894
1903
1942
1918
1918
1931
칸딘스키 (P158)
1944
클레 (P162)
1940
위트릴로 (P166)
1955
모딜리아니 (P170)
1920
야마시타 린 (P180)
1939
쿠로다 세이키 (P176)
1924
아오키 시게루(P184)
1911
「인상파전」은 1874년에 시작되어
1886년 제8회로 종료되었습니다.
이 시기부터 20세기 초기까지가
포스트 인상주의 시대입니다.
피로스마니는 앙리 루소(1844–
1910)와 달리 주류에서는
좋은 평가를 받지 못함
위작가 타키가와 타로
(1903–1971)가
파리에 있을 때 활약
1900
94
시온주의 운동이 활발해짐
드레퓌스 사건 발생하여
14
제1차 세계대전이 발발
사라예보 사건으로
17
러시아 혁명
23
일본에서 관동대지진 발생
29
뉴욕 증권시장에서 주가
대폭락(세계 공황의 발단)
39
제2차 세계대전 발발
45
제2차 세계대전 종결
47
서양명화전 개최
도쿄도미술관에서

후기 고딕·르네상스·초기 플랑드르파

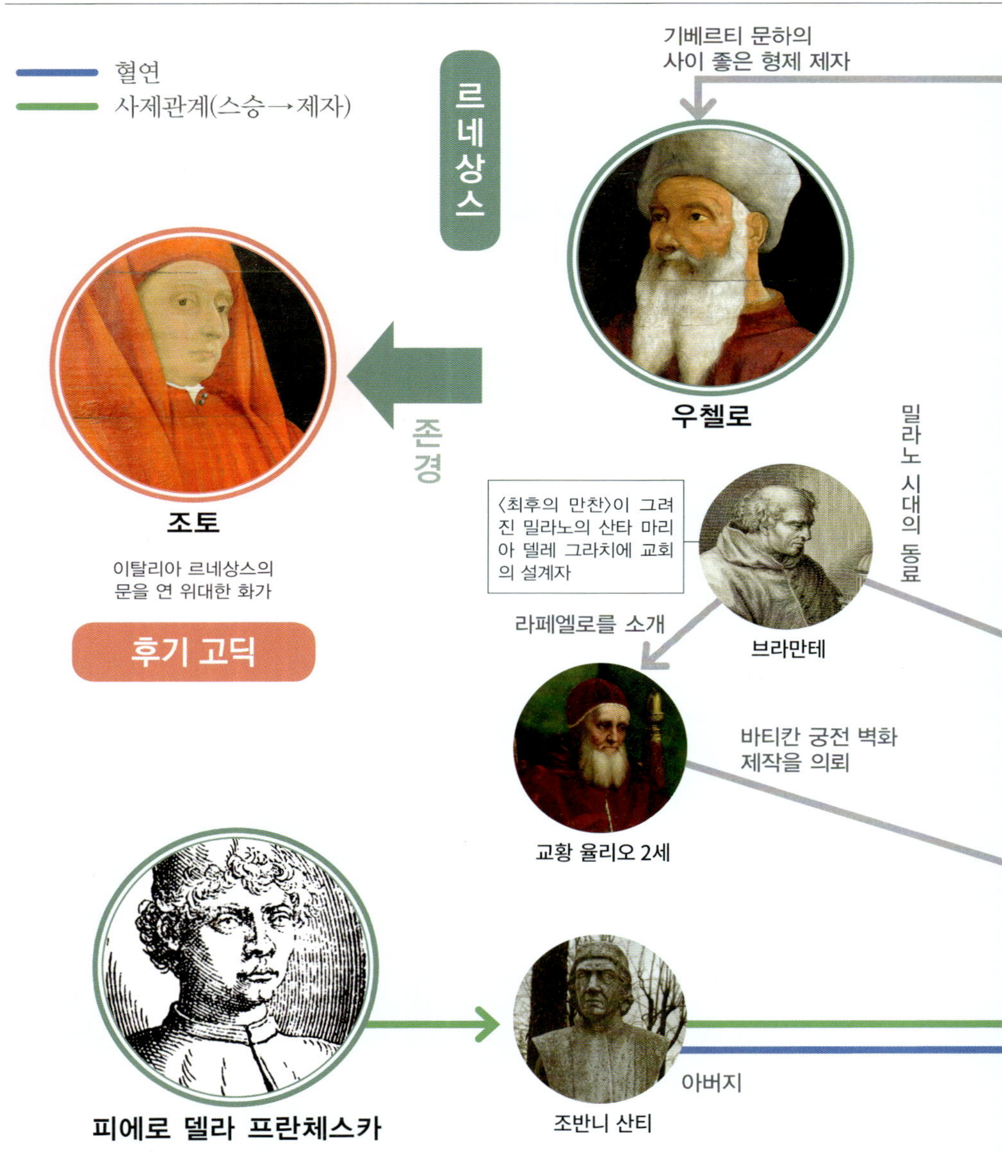

'초기 플랑드르파'는 북유럽(알프스 산맥 이북 지역) 르네상스 중에서도
부르고뉴령 네덜란드(현재의 벨기에, 네덜란드)에서 활약한 예술가들입니다.

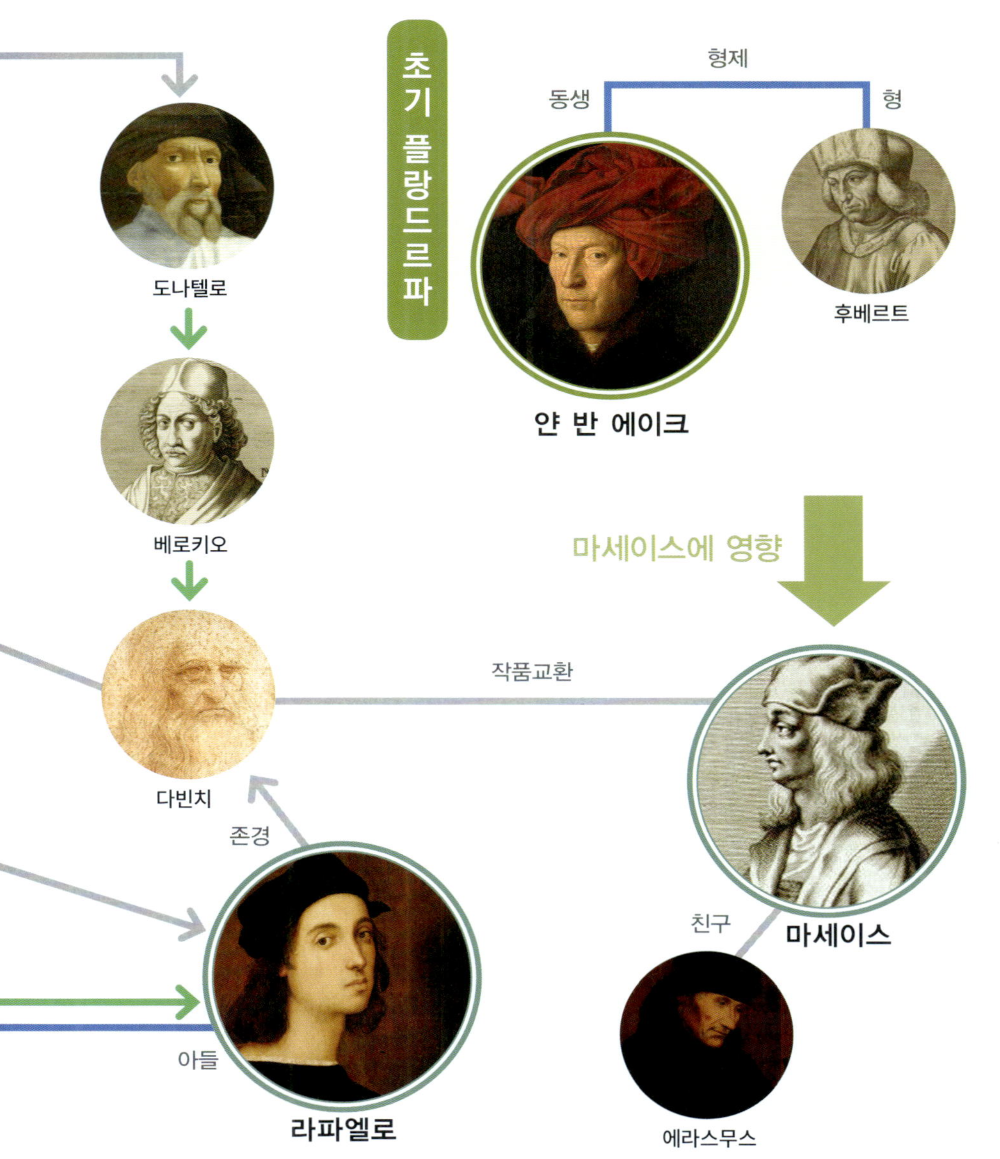

마니에리즘 · 퐁텐블로파 · 바로크

마니에리즘은 르네상스 시기 거장들의 수법인 마니에라를 모방한 예술이며,
퐁텐블로파는 이탈리아에서 프랑스로 초빙된 마니에리즘 화가들의 영향을 받았습니다.

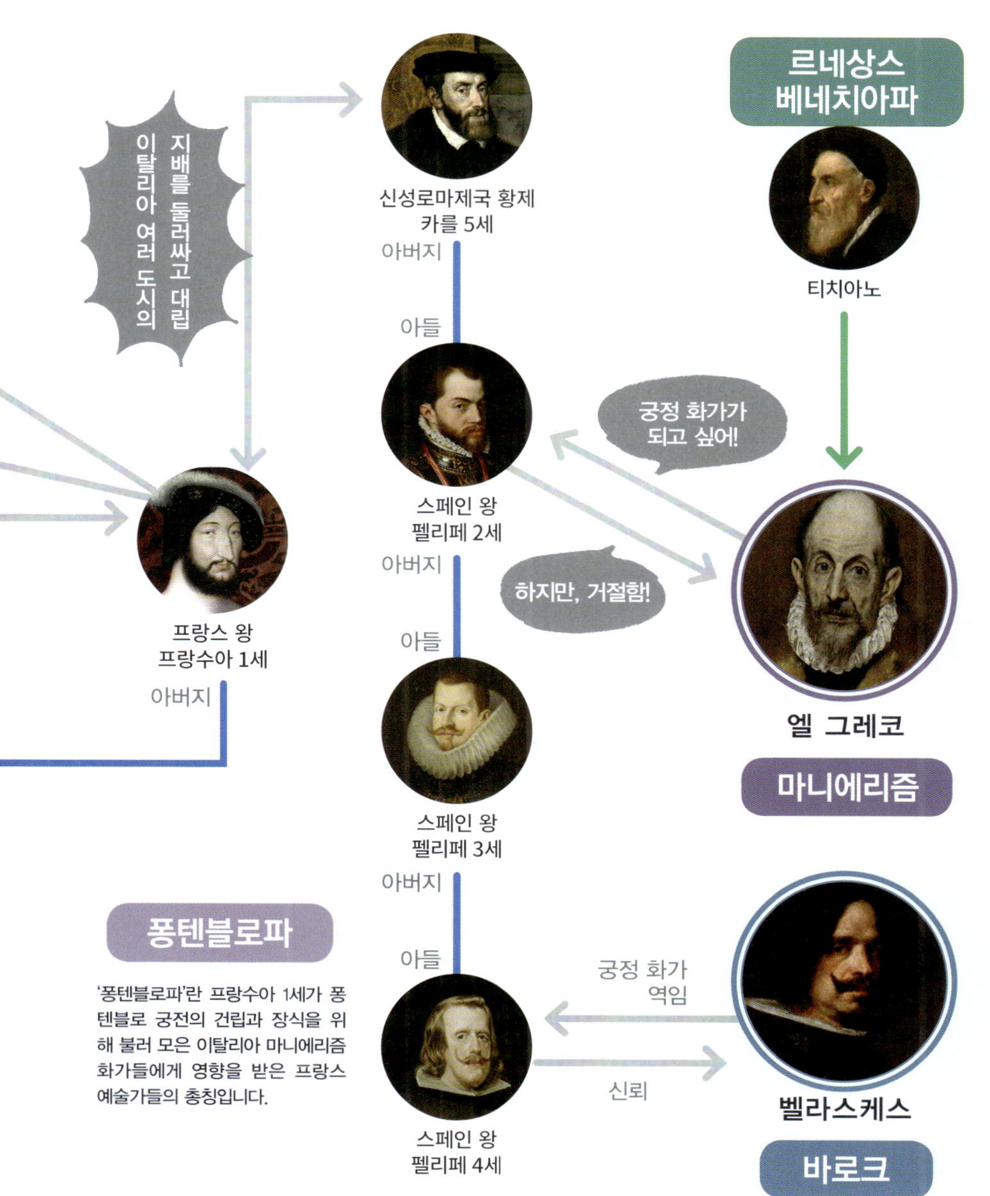

퐁텐블로파

'퐁텐블로파'란 프랑수아 1세가 퐁
텐블로 궁전의 건립과 장식을 위
해 불러 모은 이탈리아 마니에리즘
화가들에게 영향을 받은 프랑스
예술가들의 총칭입니다.

로코코 · 신고전주의 · 낭만주의

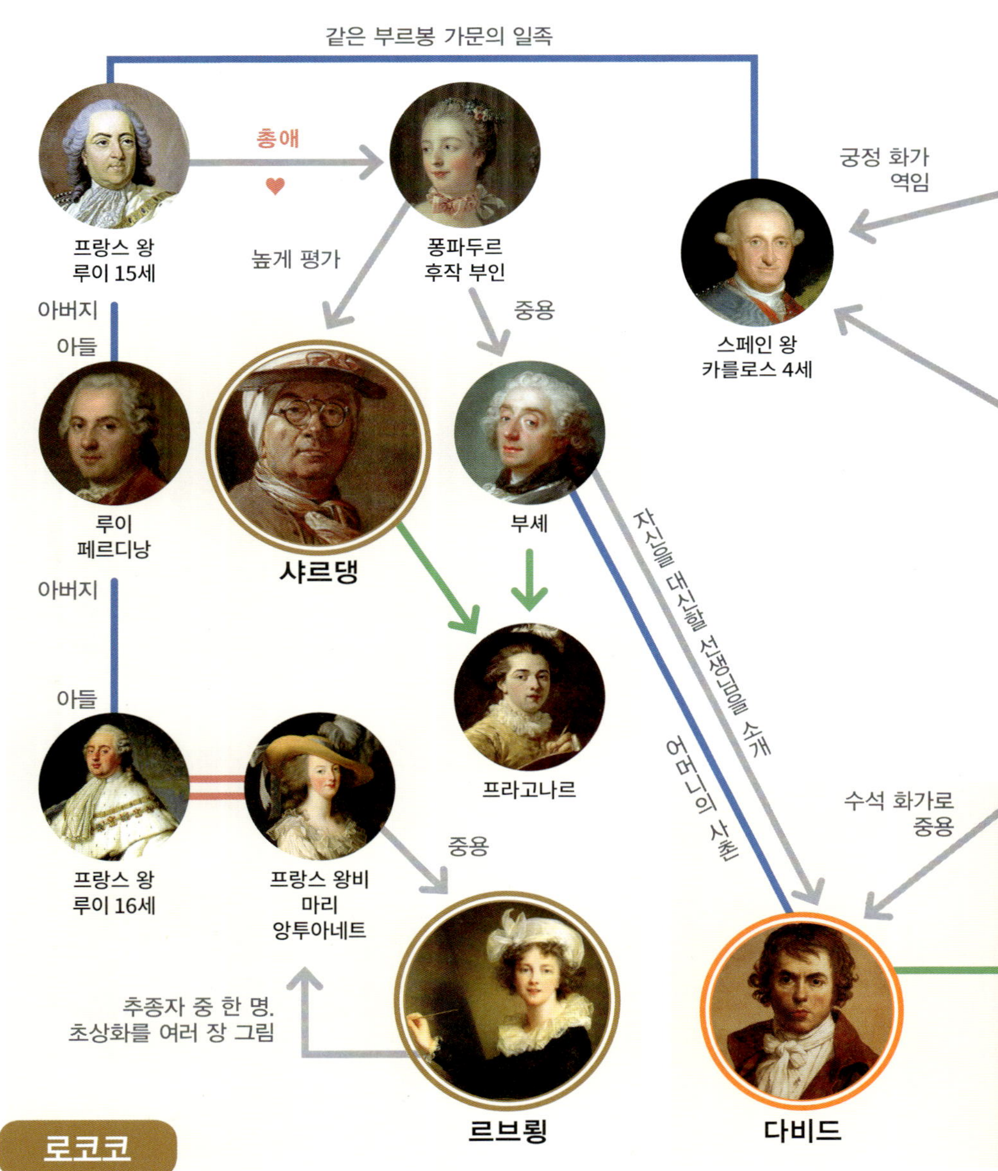

로코코

로코코는 달콤하고 장식적이며, 신고전주의는 단순하면서도 중후하고,
낭만주의는 주관적인 데다 민족 의식을 중시하기 때문에
사람이나 지역에 따라 차이가 있는 것이 특징입니다.

나폴레옹 전쟁으로 인한 독일 민족주의의 고양 속에서, 황폐해진 조국을 폐허에 비유하거나 금지되었던 전통 의상을 입은 인물을 그렸습니다.

라파엘전파 · 인상주의 · 포스트 인상주의

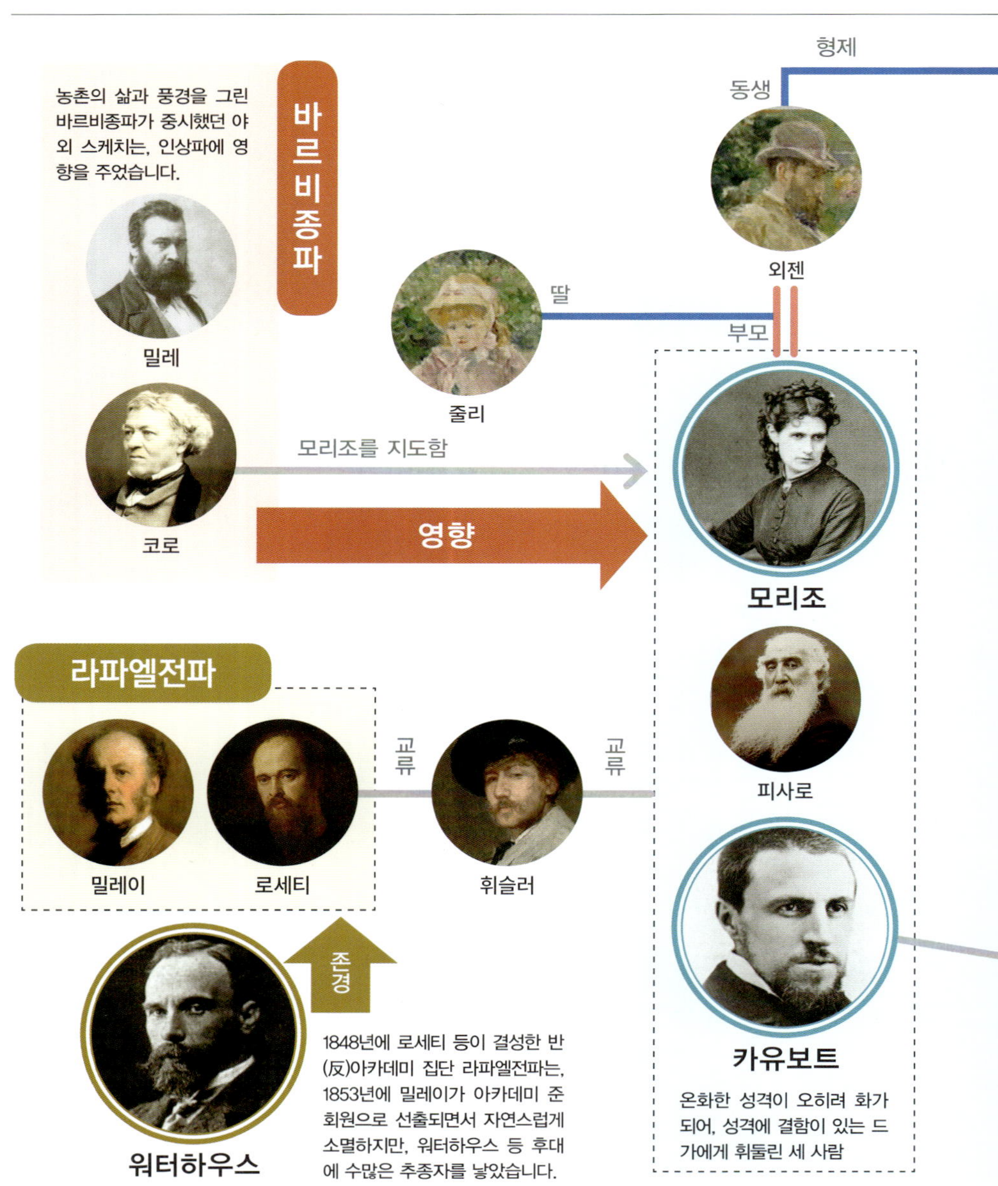

19세기 후반에 접어들면서 각국 화단에서 주류였던 신고전주의에 대한 반발이 거세졌고,
영국에서는 라파엘전파, 프랑스에서는 인상파가 등장하기 시작합니다.

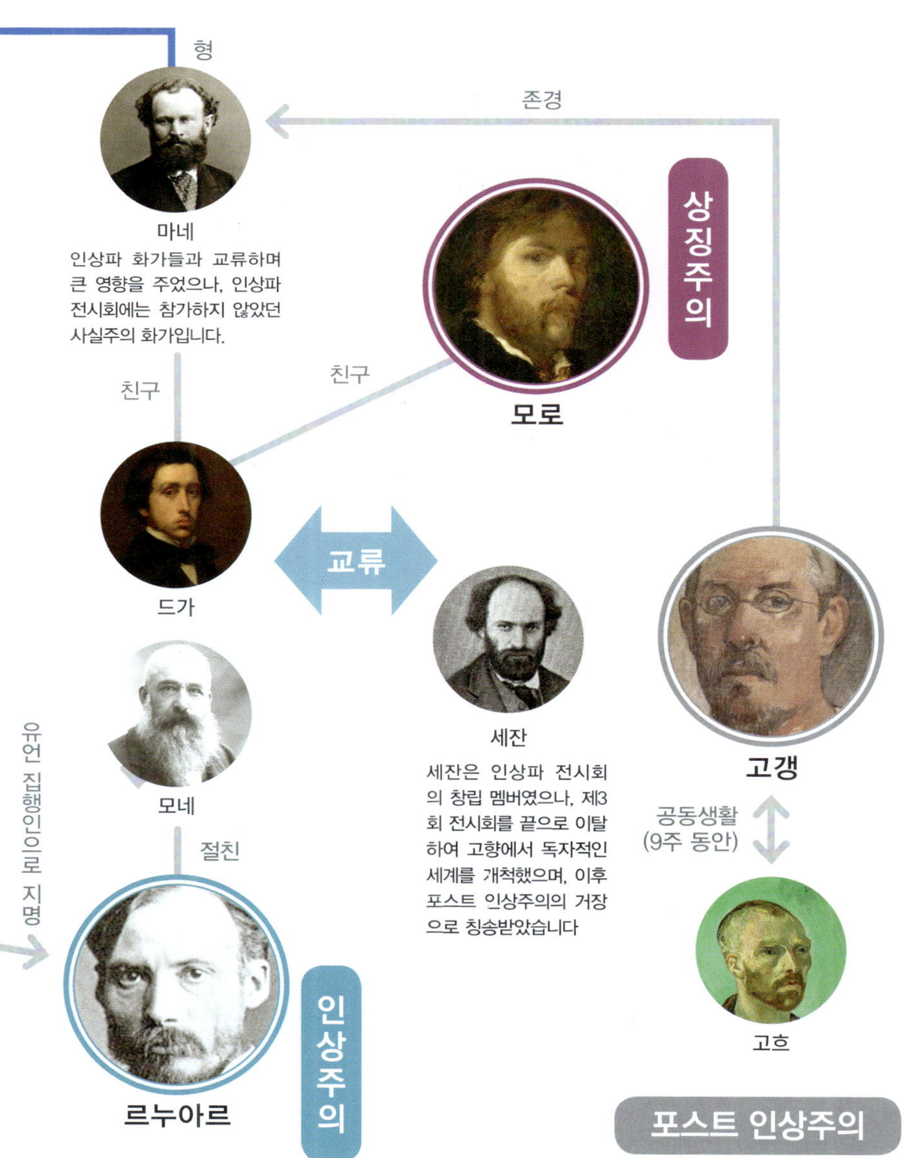

분리파 · 에콜 드 파리 · 소박파 · 상징주의 · 청기사

에콜 드 파리

20세기 전반 파리에 세계 각지에서 모여든 예술가들 중, 특정 주의(Ism)를 내걸지 않고 활동한 화가들의 총칭입니다.

모딜리아니 — 나쁜 친구 — 위트릴로

아들

소박파

피로스마니

조지아의 민중 예술과 정교회 이콘으로부터 서양 회화와는 기본이 다른 '포클로어 아트(민속 예술)'를 독학한 유랑의 화가

레닌

소련의 교육인민위원으로 발탁

베를린 분리파

우리

같은 시기에 레옹 보나의 화실에서 배움

'독일의 인상파'라고도 불리지만 후기 인상주의의 영향도 짙게 나타나며, 베를린 분리파에도 참여

청기사

1911년에 결성. 내면의 감정을 시각화하는 표현주의를 더욱 발전시켜 추상화해 나갔습니다.

손베르크

작품에 감명 받음

뮌터 — 연인 ♥ — 칸딘스키

친구

클레

제자들 뮌헨 미술 아카데미의

칸딘스키

독일어권에서도 고전적인 양식에서 벗어나려는 분리파 운동이 활발해지는데,
지역마다 독자적인 발전을 이루었습니다.

메이지시대 일본

화실 '텐카이샤'
화실 '초코도쿠가칸'
서양화 기초를 가르침
타카하시 유이치
카와카미 토가이
폰타네시
교육
하라다 나오지로
화실 '쇼비칸'
나카마루 세이쥬로
지도
야마시타 린
독일 유학 시절 이후 절친
같은 시기에 뮌헨 미술 아카데미에서 배움
러시아 유학을 보냄
모리 오가이
라세르 우리
일본 대주교 니콜라이

막부 말기 반쇼시라베쇼(蕃書調所) 회화학과에서 서양화 연구가 시작되었고, 메이지 유신 이후 설립된 코부 미술학교에서 이탈리아 화가 폰타네시가 본격적인 고전 회화를 가르쳤습니다. 하지만, 쿠로다 세이키가 파리 유학에서 인상주의풍의 외광 표현을 도입하면서, 그때까지 일본에서 학습되었던 서양 회화는 '구파'라 불리며 시대에 뒤처진 것처럼 취급받게 되었습니다.

교육

주재하는 화실
'후도샤'에서 지도

코부 미술학교에 입학 전에는 카와카미 토가이의 초코도쿠가칸의 학생이었습니다.

교육
기대

훗날
반발함

교육

화실
'세이코칸'

재능을 인정하여
본인의 화실을
학생을 포함하여
물려줌

파리 유학 중
신세를 짐

파리 유학을
알선

그림의 길을 권함

외광 표현을 가르침

파리에 체류했던 미술상으로, 인상파 화가들과 교류하며 일본의 우키요에를 널리 알린 인물입니다.

파리 국립미술학교에서 고전주의적인 교육을 받으면서도, 인상주의의 외광 표현도 받아들인 절충적인 화풍의 '외광파'입니다.

유튜브
동영상 해설

조토

1267경-1337

르네상스의 새벽을 알린 불덩이

동방박사의 경배

핼리 혜성에 이끌려

동방박사(점성술가)들이 별의 안내를 받아 예수의 탄생을 알고 경배하러 왔다는 신약성서에 쓰여 있는 장면을 그린 것입니다. 이는 예로부터 많은 화가가 그렸던 것이지만, 별은 크리스마스 트리 꼭대기에 있는 팔각별을 그리는 것이 전통입니다.

그러나, 조토가 그린 별은 꼬리가 있는 불덩이입니다. 그가 1301년에 지구에 접근했던 핼리 혜성에서 동방박사들을 예수에게 인도한 베들레헴의 별을 연상한 것이라고 추측됩니다. 1986년에 핼리 혜성에 가장 가까이 다가간 유럽 우주국의 탐사선을 [조토]라고 이름 붙인 것은 이 작품에서 영감을 받았습니다.

과학사적으로도 소중한 작품이지만, 미술사적으로도 매우 중요한 작품입니다. 서양의 기독교 회화가 중세의 기호적 표현에서 벗어나 입체적인 음영과 개성을 가진 인물로 표현한 최초의 작품이기 때문입니다. 이 작품은 미켈란젤로의 시스티나 예배당 벽화보다 230여년 정도 앞섭니다. 〈최후의 심판〉을 중심으로 이 작품을 포함한 성모와 예수의 생애를 그린 조토의 프레스코화가 벽을 장식한 스크로베니 예배당은 이탈리아 르네상스의 시작을 알리는 중요한 기념물로 평가됩니다.

조토 디 본도네 (1267경–1337)

동시대 피렌체에서 활약한 시인 단테와 더불어, 후기 고딕이라 불리는 시대에 살면서도 르네상스를 선구적으로 이끌어 서양 회화를 혁신한 위대한 화가입니다.

작자 미상 〈피렌체 르네상스의 다섯 거장〉
16세기 템페라 목판 21.3×65.5cm
루브르 박물관 소장, 파리

스크로베니 예배당

기독교에서는 큰 죄로 간주되는 고리대금으로 재산을 쌓았던, 단테의 [신곡]에서도 비난 받은 스크로베니 가문이 속죄를 위해 세운 예배당입니다. 이 예배당은 이탈리아 북동부 파도바에 위치하고 있습니다. 겉에서는 수수한데, 안은 천장과 벽을 조토의 프레스코화가 장식하고 있어서 매우 화려합니다.

스크로베니 예배당
파도바, 이탈리아
ⓒAndrea Piroddi

「박사(magi)」는 「현자」로 번역되기도 하고, 때로는 「왕」이라도 합니다. 성서에는 유향과 몰약과 황금을 선물한 세 사람으로 언급되며, 청년, 장년, 그리고 노년의 모습으로 묘사되어 있습니다.

조토 디 본도네 〈동방박사의 경배〉
1304년경 프레스코화
스크로베니 예배당, 파도바, 이탈리아

ISTI MIRANT STELLA
그들은 별을 보고 있다

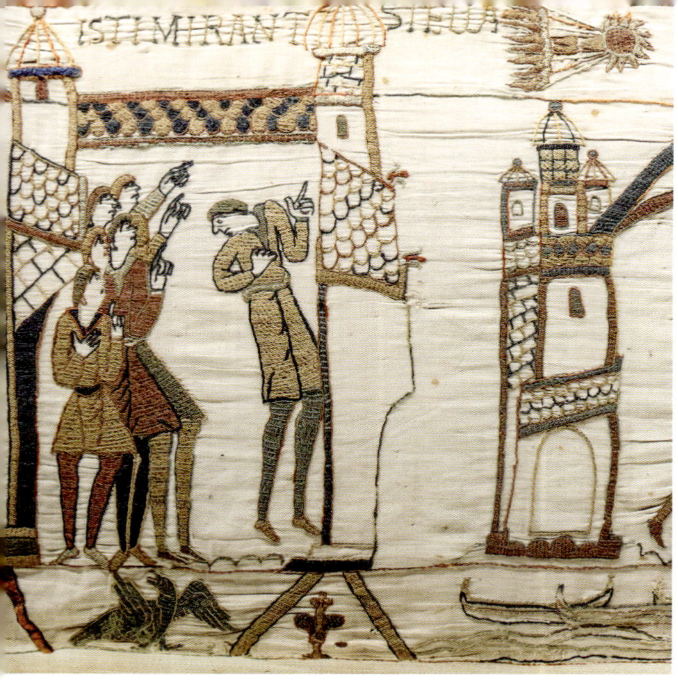

바이외의 태피스트리

1066년에 지구에 접근한 핼리 혜성은, 영국에서는 노르망디공 기욤 2세에 의한 잉글랜드 정복을 예언한 불길한 징조로 생각되었습니다. 로켓 같은 모양으로 오른쪽 위에 날아가는 혜성을 보고 무서워하는 사람들의 모습을 자수로 만들었습니다.

〈바이외의 태피스트리〉
11세기 후반 자수
바이외 태피스트리 박물관
바이외, 프랑스

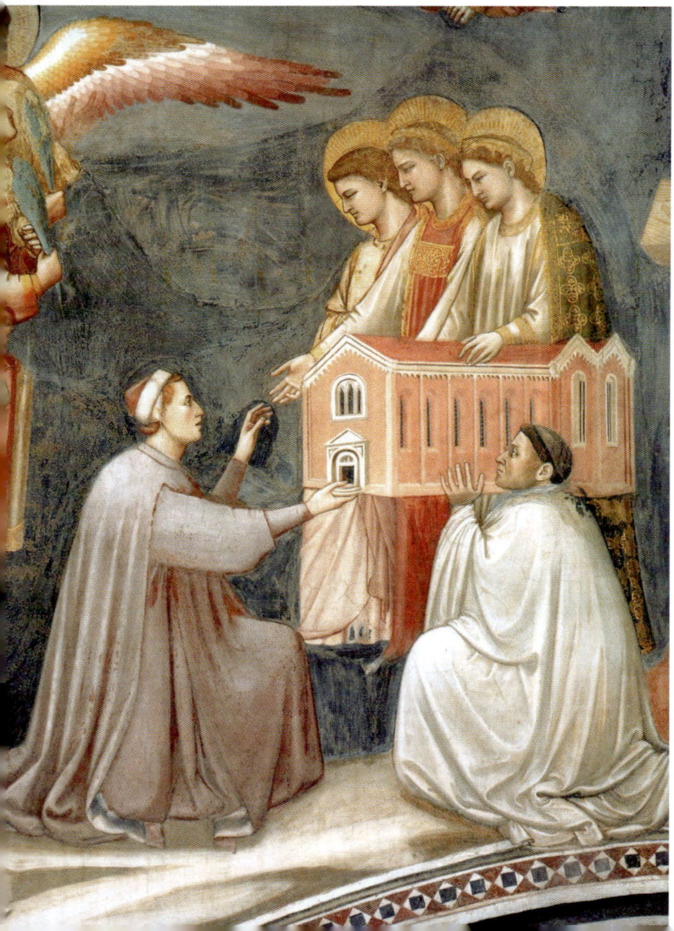

스크로베니 예배당의 제단화 〈최후의 심판〉에는 건물의 시공주인 스크로베니가 천국에서 신에게 예배당을 바치는 모습이 그려져 있습니다. 하지만, 그 건축비용은 기독교에서 큰 죄로 간주되는 고리대금업으로 얻은 재산에서 나왔습니다.

조토 디 본도네
〈최후의 심판〉 부분
1306년경 프레스코화
스크로베니예배당, 파도바, 이탈리아

Giotto di Bondone

조토 디 본도네 〈유아 학살〉 1304년경 프레스코화 스크로베니예배당, 파도바, 이탈리아

동방박사에게서 유대인의 왕이 태어났다는 소식을 듣고 지위가 위협받을 것을 두려워한 헤롯왕은 베들레헴 주변의 모든 유아를 죽였습니다. 울부짖는 어머니들의 모습에서도 중세 회화에서는 볼 수 없었던 조토의 혁신적인 감정 표현을 느낄 수 있습니다.

평면적이고 기호적이어서
생동감이 부족합니다

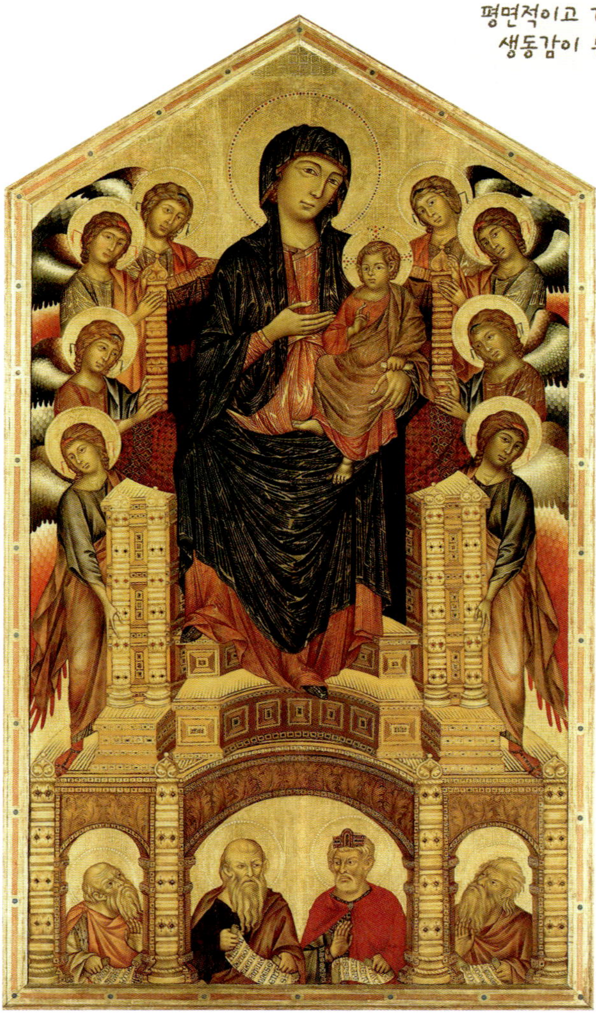

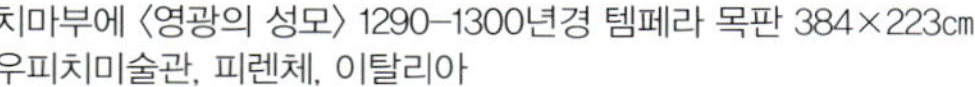

치마부에 〈영광의 성모〉 1290–1300년경 템페라 목판 384×223cm
우피치미술관, 피렌체, 이탈리아

살아있는 인간을 그렸다는 것이 혁명적

16세기에 화가 바사리가 쓴 전기에 따르면, 조토는 본래 양치기였는데, 바위에 그린 그의 그림을 본 유명한 화가 치마부에가 스카우트했다고 합니다. 그가 그린 파리 그림을 스승이 착각해서 진짜 파리로 생각하여 쫓았다는 전설도 전해집니다.

사실, 그의 재능은 스승을 넘어섰습니다. 〈영광의 성모〉라는 같은 주제의 그림을 비

몸의 형태까지
더욱 생생하게 표현!

조토 디 본도네 〈영광의 성모(온니산티의 성도)〉 1310년경 템페라 목판 325×204㎝
우피치미술관, 피렌체, 이탈리아

교해보면, 이를 분명히 알 수 있습니다. 중세부터 이어져 온 동방정교의 이콘과 같은
평면적이고 기호적인 양식을 이어받은 치마부에와 달리, 조토의 화풍은 입체적인 음
영과 원근법적인 깊이, 인물의 개성이 느껴집니다. 성모자와 천사를 '진짜 살아있는
듯한 인간'으로 그린 조토의 작품은 문자 그대로 차원이 다릅니다. 이탈리아 르네상스
의 역사는 정말로 그로부터 시작되었습니다.

유튜브
동영상 해설

Jan van Eyck

반 에이크
1390경–1441

세밀 묘사가 가득

헨트 제단화

날개가 펼쳐진 상태. 상단에는 성모와 그리스도, 세례자 성 요한이 차례로 있는 삼존상「데이시스」가「악기를 연주하는 천사」와「아담과 이브」의 사이에 있습니다. 하단에는「신비한 어린 양에 대한 경배」가「공정한 판관」과「그리스도의 기사」(왼쪽),「은둔자」와「순례자」(오른쪽) 사이에 위치합니다.

Jan van Eyck

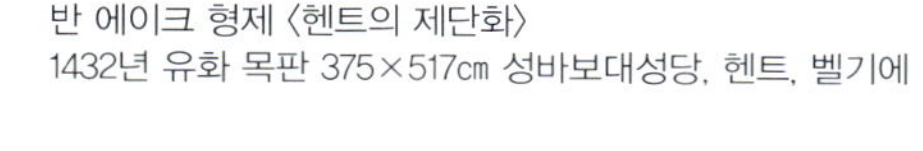
반 에이크 형제 〈헨트의 제단화〉
1432년 유화 목판 375×517㎝ 성바보대성당, 헨트, 벨기에

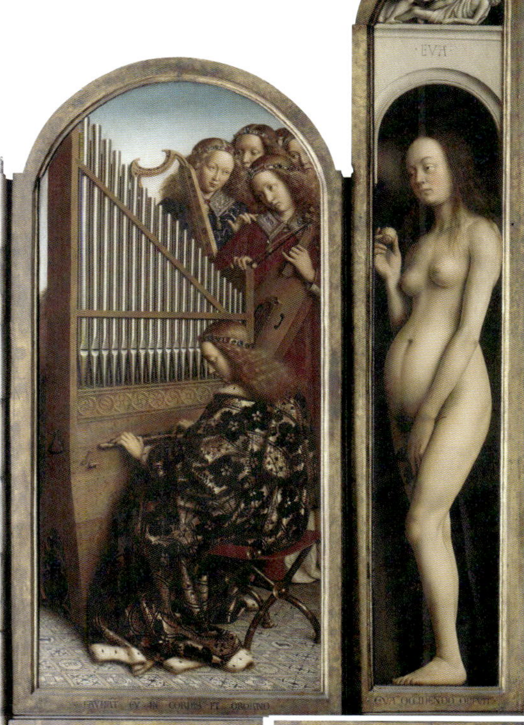

얀 반 에이크

모든 면에서 압도적!

　15세기 르네상스의 회화 혁신은 이탈리아뿐만 아니라 알프스 이북 지역에서도 일어났습니다. 그 중심에 있던 플랑드르(현재의 벨기에와 네덜란드)에서 중요한 화가가 얀 반 에이크였습니다. 그의 대표작 중 하나는 형 휘베르트가 남긴 구상을 이어받아 완성한 〈헨트의 제단화〉입니다. 이 작품은 겉과 속을 합해 총 12장의 패널을 가득 채운 압도적인 정보량을 자랑합니다. 천사의 입 모양을 통해 성가의 파트까지 알 수 있는 놀라운 사실성, 밀리미터 단위의 디테일까지 정성껏 그린 압도적인 세밀 묘사, 왕관과 갑옷, 보석의 반짝임까지 구별하여 그린 뛰어난 질감 표현, 그리고 다빈치를 비롯한 이탈리아 화가들이 모두 모방한 유화 기법까지 모든 면에서 압도적이었습니다.

　이탈리아 회화와는 달리, 디테일한 부분에 집착하는 모습을 보여줍니다. 헨트에 방문하여 직접 보고 이 대작의 위대함을 실감해 보는 것을 추천합니다.

얀 반 에이크 (1390경-1441)

현재 벨기에의 브뤼헤에서 브르고뉴공 필립 3세의 궁정화가로 활약했습니다. 그는 독자적인 유화 기법을 개척하여, 같은 시대의 이탈리아에서는 '유화의 발명자'로 불렸습니다.

얀 반 에이크 〈자화상〉 1433년 유화 목판
26×19cm 내셔널갤러리, 런던, 영국

날개를 접은 상태. 상단의 뤼네트(반원형 부분)에 구약성서의 예언자와 무녀가, 중단에는 「수태고지」가, 하단에는 제단화를 기증한 헨트의 섬유 상인 요도쿠스(요스) 베이트와 엘리자베스 보르뤼트 부부, 그리고 세례자 성 요한과 복음서기 성 요한의 상이 그려져 있습니다. 이는 당시 성바보대성당이 성요한성당이었기 때문입니다.

요도쿠스 베이트　　　**엘리자베스 보르뤼트**

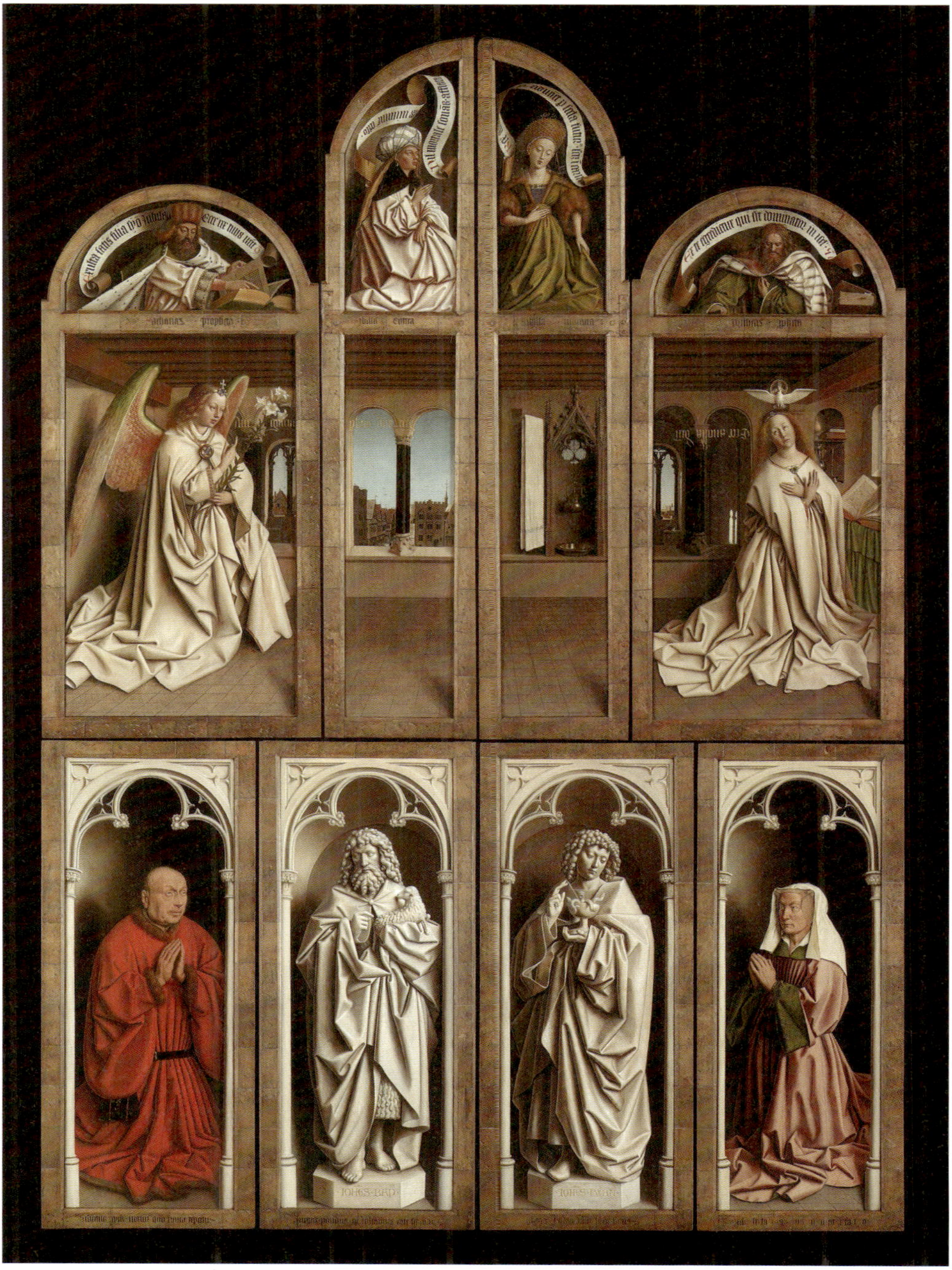

살아있는 제물 양처럼 자신의 피로 사람들의 죄를 구원한 예수 그리스도를
세례자 성 요한은 「신의 어린양」이라고 불렀습니다. 요한 계시록에서 하늘에
서 예배 받는 「신의 어린양」도 예수 그리스도의 분신이라, 반 에이크는 일부러
인간과 비슷한 얼굴로 그렸다고 합니다. 나중에 양다운 얼굴로 다시 그려졌지
만, 이후 원래의 모습으로 복원되었습니다.

복원 전
(후세 화가의 가필)

복원 후
(반 에이크의 필치)

예수의 분신이기 때문에
인간과 비슷한 얼굴로 그렸다

여러 번 빼앗겨도 되돌아온 기적

〈헨트의 제단화〉는 「회화의 기적」이라고도 불리며, 여러 차례 약탈을 당했음에도 불구하고 거의 완전한 형태로 보존된 것도 기적입니다.

프랑스 혁명 전쟁 당시 루브르로 옮겨졌으나 나폴레옹 실각으로 반환되었습니다. 그러나 교회가 재정난에 빠지면서 날개의 일부가 경매로 독일에 매각되었지만, 다행히 제1차 세계대전 후 독일군이 약탈한 나머지 날개 부분과 함께 되돌아왔습니다. 제2차 세계대전 때는 히틀러에게 빼앗겼지만, 미국군이 구출했습니다. 사라진 부분은 1934년에 도둑맞은 '공정한 판관' 부분으로, 현재는 복제품이 끼워져 있습니다.

2012년부터 8년에 걸친 대대적인 복원 작업으로 오염과 덧칠이 제거되었으며, 15세기 당시의 선명한 색채와 인간과 비슷한 위치에 눈과 귀가 있는 '신의 어린양' 본래 얼굴로 돌아왔습니다.

유튜브
동영상 해설

Paolo Uccello

우첼로

1397-1475

원근법 귀재가 그린
튀어나오는 그림

성모자

원근법에 목숨을 걸고 인물은 뒷전

  16세기에 화가 바사리가 쓴 「르네상스 미술가 평전」에서, 우첼로는 입체감과 깊이감을 만들어내는 원근법 연구에 몰두한 나머지 인물 묘사를 소홀히 했다고 서술했습니다. 〈성모자〉를 보면 이 설명이 이해됩니다. 후광을 입체적으로 그리는데 집중한 나머지 머리에 접시를 올린 것처럼 보이며, 깊이감을 만들기 위해 예수의 다리를 프레임에서 튀어나오게 그려 화면에서 튀어나오는 효과는 성공했지만, 머리 모양과 표정은 아쉬움을 남깁니다.

파올로 우첼로 (1397–1475)

본명은 파올로 디 도노입니다. 그는 새 그리기를 좋아해서 이탈리아어로 새를 의미하는 '우첼로'라는 별명으로 불렸다고 합니다. 하지만, 정작 새를 그린 작품은 거의 남아있지 않습니다.

작자 미상 〈피렌체 르네상스 5명의 거장〉
16세기 템베라 목판 21.3×65.5㎝ (전체)
루브르미술관, 파리, 프랑스

파올로 우첼로 〈대홍수와 종식〉 1447년 프레스코 215×510㎝ 산타마리아노벨라성당, 피렌체, 이탈리아

우첼로도 큰 작업에 있어서는 확실히 실력을 발휘합니다. 원근법으로 깊이감을 강조하면서도, 인물 묘사도 꼼꼼하게 해냈습니다.

파올로 우첼로 〈동물과 아담의 창조〉 〈이부의 창조와 원죄〉
1420–1425년 프레스코 488×478㎝ 산타마리아노벨라성당, 피렌체, 이탈리아

우첼로가 구약성서 창세기를 소재로 그린 산타마리아노벨라성당의 녹색 안료로 그린 프레스코화가 있는
「녹색 회랑」입니다. 1966년 피렌체 대홍수로 인해 아래쪽 절반이 손상되었습니다.

뽀글머리에 접시를 올리고 튀어나오는 활기찬 아이

Paolo Uccello

◀ 아래쪽에 그린 프레임이 액자와 자연스럽게 어우러져, 튀어나온 것 같은 효과가 더 커집니다. 마치 예수가 급히 인류를 구하려고 뛰쳐나오려는 순간, 성모가 "좌우를 잘 살펴서 건너가세요."라고 말리려는 모습 같습니다.

파올로 우첼로 〈성모자〉
1435–1440년경 템페라 목판 58×37㎝
아일랜드 국립미술관, 더블린, 아일랜드

파올로 우첼로는 원근법에 많은 시간과 노력을 기울였지만, 그만큼의 열정을 인물이나 동물 묘사에도 쏟았다면, 그는 조토 이후 현재까지 이탈리아에서 가장 창의적이고 독특한 천재로 인정받았을 것입니다.
(바사리 「르네상스 미술가 평전」)

우첼로가 설계한 것으로 알려진 베네치아 산 마르코 성당의 대리석 모자이크. 도나텔로는 이를 '나무 세공사의 일'이라며 비판했지만, 그의 제자인 다빈치도 복잡한 다면체 도형에 몰두하고 있었습니다.

Paolo Uccello

그는 피렌체 대성당(두오모) 대시계의 디자인도 담당했습니다. 이 시계는 24시간 표시로 되어있으며, 당시에는 시침만 있는 것이 일반적이었습니다. 네 모퉁이에 그려진 얼굴들은 너무 대충 그려져 있어서 누구인지 알 수 없으며, 4 복음서기나 4 예언자라고 불립니다.

이제 누구 얼굴인지도 모르겠어!

◀ 영국 출신으로 피렌체 군총사령관을 역임한 용병대장을 기리기 위해 대성당에 장식된 녹니 프레스코 벽화는 아래에서 올려다보는 앙각 원근법으로 그려져 있습니다.

파올로 우첼로 〈존 호크우드의 기마상〉
1436년 프레스코 820×515㎝
산타마리아델피오레대성당, 피렌체, 이탈리아

약동감은 없지만
원근법 소실점이
세 개나 있습니다!

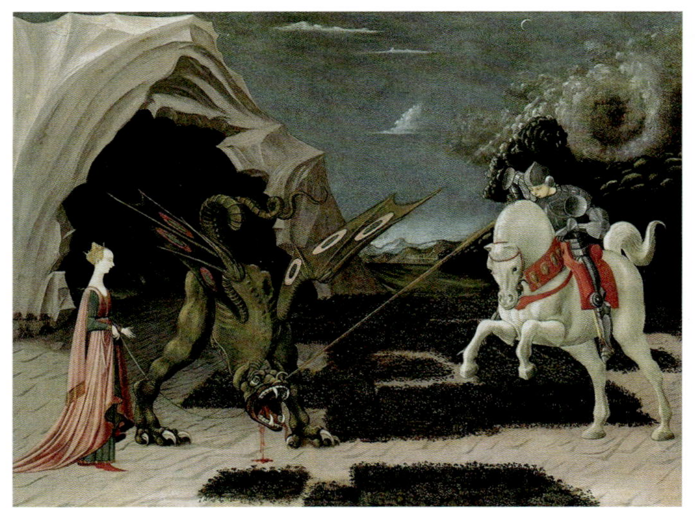

파올로 우첼로
〈성 게오르그와 용〉
1470년
유채 캔버스 57×73㎝
내셔널갤러리, 런던, 영국

기사는 오른쪽 위의 소용돌이치는 구름, 용은 왼쪽 동굴 깊숙이, 배경은 하늘 중앙에 위치해 있어서, 한 장의 그림에 원근법 소실점을 세 개 넣은 의욕적인 작품입니다. 그러나, 공주는 무표정하고 의욕이 없습니다.

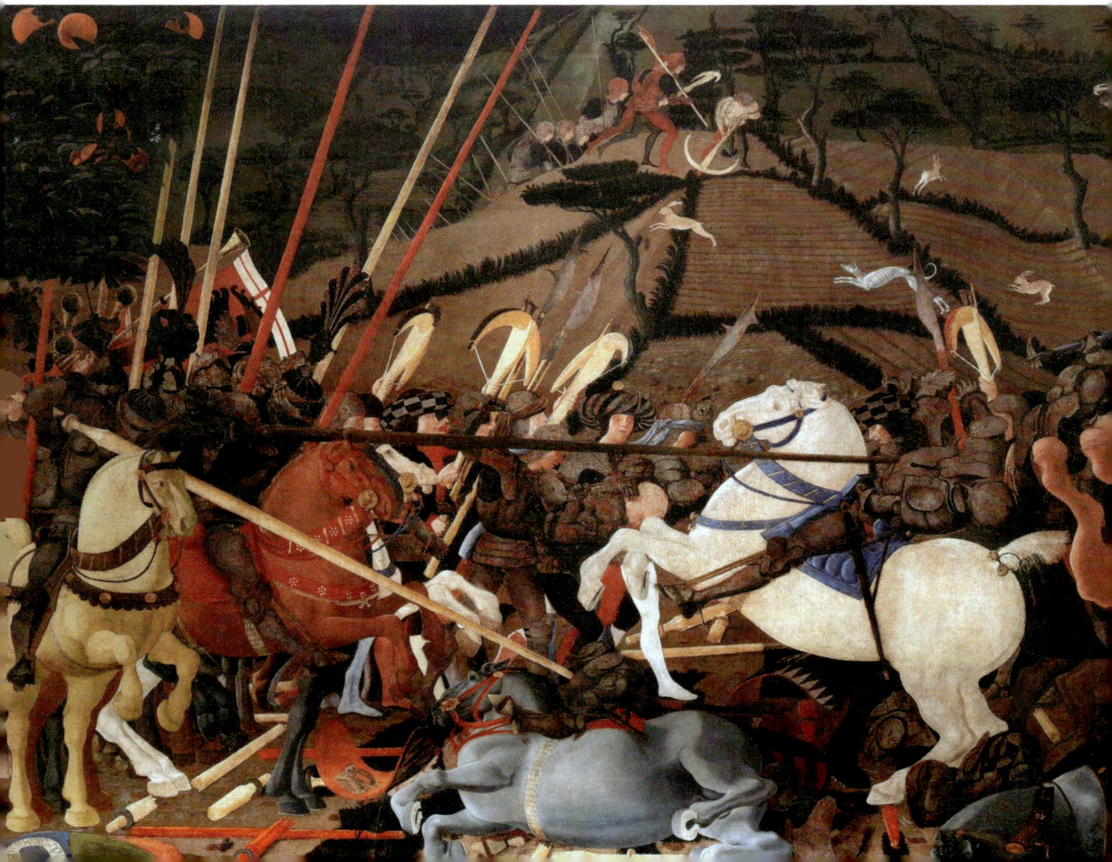

밥보다도 그림보다도 원근법

'초기 르네상스의 앙리 루소'라고 부르고 싶어지는 우첼로이지만, 젊었을 때부터 '조토의 재능을 잇는 자'로서 장래가 촉망되었습니다. 그 증거로 그는 피렌체의 주요 건축물에 많은 벽화를 그리는 화가로 발탁되었습니다.

그러나, 어느 시점부터 그는 원근법에 집착하게 되어 다른 부분이 점점 허술해지기 시작했습니다. 투시도법이라고 불리는 선원근법 연구로 시작된 그의 흥미는 기하학으로 넓어져 복잡한 다면체를 그리는 것에 몰두하게 되었고, 이는 친구인 도나텔로(다빈치의 스승)에게 "그것은 목공예가의 일이다."라고 주의를 받기도 했습니다.

아내가 "빨리 주무세요."라고 해도 그는 "원근법은 너무 사랑스러운 것이라서."라는 이해하기 어려운 변명을 하며 밤을 새워 연구했다고 합니다. 결국 그는 회화의 완성도를 희생하면서까지 원근법을 추구했습니다.

화면 오른쪽 뒤로 달려가는
말의 뒷모습에도
원근법이 활용되었습니다!

1432년 피렌체가 시에나에게 이긴 전투를 그린 3부작은 우첼로의 대표작입니다. 배경이 무대 배경처럼 보이는 것은, 당시에는 원경을 흐리게 그리는 공기 원근법과 푸른빛이 돌게 그리는 색채 원근법이 없었기 때문입니다. 고딕회화에서 선원근법만 더해진 느낌입니다.

파올로 우첼로 〈산 로마노 전투〉
1435–1440년 템페라 목판 182×323cm
우피치미술관, 피렌체, 이탈리아

유튜브
동영상 해설

피에로
1415경 – 1492

누구를, 무엇을 위해 그린 것일까?

피에로 델라 프란체스카 〈채찍질을 당하는 그리스도〉
1468–1470년경 유화와 템페라 목판 58.4×81.5㎝
마르케국립미술관, 우르비노, 이탈리아

오른쪽 세 명이
주인공을 제치고
너무 눈에 띄어요!

이 그림은 신약성서의 내용으로, 로마제국이 파견한 총독 빌라도가 그리스도의 무죄를 알면서도 사형 판결을 내리고 채찍질을 했다는 이야기를 주제로 하고 있습니다. 하지만, 앞쪽에 전혀 관련이 없어 보이는 세 명의 인물이 크게 그려져 있는 것이 가장 큰 수수께끼입니다.

과학적으로 그려진 신비한 그림

우첼로보다 15세 정도 어린 피에로는 선원근법을 수학적으로 완성한 이론서까지 저술한 화가입니다. 이 작품 또한 건물의 입면도를 그려낼 수 있을 만큼 정확한 원근법뿐만 아니라, 수학적인 비례를 구사한 구성으로 이루어져 있습니다.

화면 전체는 물론, 왼쪽 절반의 실내와 오른쪽 절반의 실외 모두 가로세로 비율이 동일한 $1:\sqrt{2}$의 백은비(白銀比: Silver Ration)입니다. 바닥과 벽이 만나는 가로선이 실내를 정사각형으로 구분하며, 그 오른쪽 아래의 정점이 원근법의 소실점에 겹치는 등, 여러 곳에서 백은비로 구성된 직사각형과 정사각형의 구도가 보입니다.

이처럼 피에로는 우첼로보다 더욱 수학적으로 정확한 원근법을 구사하면서도 인물 묘사도 소홀히 하지 않았습니다. 인물 묘사의 정확성 덕분에 이 작품의 의미와 그려진 인물의 정체에 대해 세계의 미술사 학자들이 깊이 고민하게 되었습니다.

피에로 델라 프란체스카 (1415경-1492)

이탈리아 중부의 작은 도시 산세폴크로 출신이었던 그는 피렌체를 비롯한 여러 지역에서 활동한 후, 우르비노 공국의 궁정화가였던 라파엘로의 아버지의 부름을 받아 우르비노로 가게 되었습니다. 그는 「산술론」이나 「다섯 개의 정다면체론」을 저술했으며, 나중에는 다빈치와 협업한 수학자 루카 파치올리 등에게도 영향을 미쳤습니다.

조르조 바사리 「르네상스 미술가 평전」의 삽화

페데리코의 이복 형 오단토니오는 16세에 우르비노 공국의 초대 공작이 되었지만, 총애하던 신하들의 악정으로 인해 다음 해에 암살되었습니다. 이 작품은 그가 채찍질을 당하는 그리스도처럼 억울하게 희생되었음을 호소하기 위해 페데리코가 그리게 했다는 설이 있습니다. 중앙의 맨발인 젊은이는 오단토니오를, 좌우의 인물들은 그가 총애하던 신하들을 그린 것이라고 합니다.

피에로 델라 프란체스카 〈우르비노 공작 부부의 초상〉
1465–1472년경 템페라 목판 47×66㎝
우피치미술관, 피렌체, 이탈리아

피에로가 섬긴 우르비노공 페데리코 다 몬테펠트로
부부의 마주보는 구도의 초상화입니다. 현대 화가
보테로가 오마주한 작품으로도 유명합니다.

◀ 두 명의 악한 신하 사이에 있는 맨발의 젊은이는
두 강도와 함께 맨발로 십자가에 매달린 예수 그리
스도의 책형도(왼쪽 참조)를 연상시킵니다. 암살당
한 오단토니오를 억울하게 민중을 구하기 위해 억울
하게 채찍질을 당하고 십자가에 매달린 그리스도와
동일시 했을 수도 있습니다.

안드레아 만테냐 〈책형〉
1457–1459년 템페라와 유화 목판 76×96㎝
루브르미술관, 파리, 프랑스

피에로 델라 프란체스카 〈몬테펠트로의 제단화〉
1472–1474년경 유화 목판 251×173㎝
브레라미술관, 밀라노, 이탈리아

오른쪽 아래에 갑옷을 입은 모습으로 그려져 있는 그림의 주문자인 페데리코의 성을 따서 〈몬테펠트로 제
단화〉라고도 불리며, 밀라노의 브레라 미술관이 소장하고 있어서 〈브레라 성모 마리아〉라고도 합니다. 또
한, 조개모양 천장에서 내려온 수수께끼의 구체 때문에 〈타조알 성모〉라고도 불립니다. 이 작품은 완벽한
원근법으로 그려진 피에로의 일생일대 걸작입니다.

Piero della Francesca

〈채찍질 당하는 그리스도〉에서 빌라도가 고대 로마에는 없는 독특한 모양의 모자를 쓰고 있는 이유는 뭘까?

1438년 동로마제국 황제의 이탈리아 방문을 기념하여 피사넬로가 만든 메달에서 그 답을 찾았습니다.

빌라도의 옆얼굴과 모자가 1438년에 이탈리아를 방문한 동로마제국의 황제 요하네스 8세 팔레오로고스와 매우 닮아 있다는 점이 「동방교회 지원설」의 한 근거입니다. 오스만제국의 위협에 대항하기 위해 동서 기독교회의 재통합과 십자군 파견을 요청한 황제를 지원한 인물이 수수께끼의 세 명일지도 모른다는 설입니다.

성서에는 등장하지 않는 이슬람교를 상징하는 터번을 감은 남성. 「동방교회 지원설」에 따르면 터번은 오스만제국을 의인화한 것으로, 채찍질 당하는 그리스도는 동방교회의 위기를 암시하고 있다고 합니다.

엄청난 큰 논쟁

〈채찍질을 당하는 그리스도〉에서 가장 큰 수수께끼는 제목이 나타내는 장면보다 훨씬 더 눈에 띄는 세 인물의 정체와 그 의미를 알 수 없다는 점입니다.

예전에는 피에로가 섬긴 우르비노 공작의 이복형과 함께 암살된 악한 총신 두 명을 그렸다는 것이 정설이었습니다. 하지만, 그리스도의 채찍질을 보고 있는 로마제국의 유대인 총독 빌라도의 옆얼굴이 1438년에 이탈리아를 방문하여 오스만제국의 위협을 호소한 동로마제국 황제와 닮아 있는 것을 근거로, 세 명이 동로마제국 지원과 관련된 인물일 것이라는 설이 부상하고 있습니다. 현재는 이 설이 유력하지만, 그 세 명이 누구인지는 여러 가지 설이 있습니다. 각국을 대표하는 이름난 미술사가들이 지금도 뜨겁게 논의하고 있어 결론은 당분간 내려지지 않을 것 같습니다.

유튜브
동영상 해설

Quinten Massijs

마세이스
1466경-1530

이렇게까지 사실적으로
그릴 필요가 있었을까?

늙은 여인

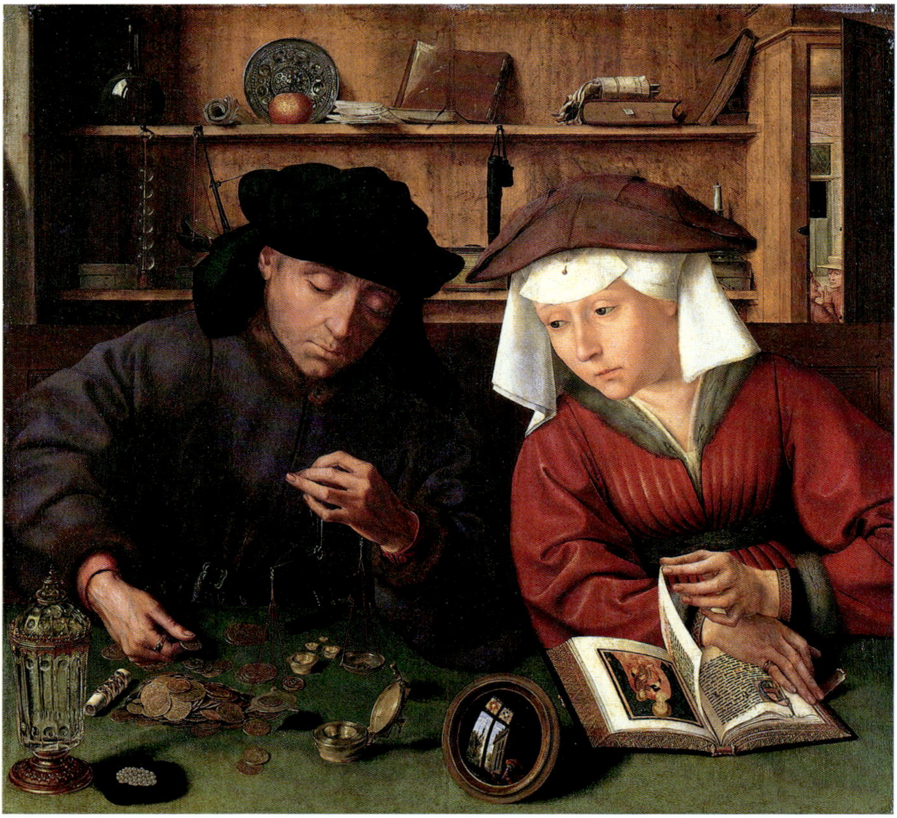

항구 도시로 무역으로 번영한 안트베르펜의 부유한 환전상 부부를 그린 우의적 초상화입니다. 책에 있는 글자를 읽을 수 있을 정도의 세밀한 묘사와 탁월한 질감 표현은 플랑드르파의 전통입니다. 대선배 얀 반 에이크의 영향을 받아 볼록 거울에 화가 자신의 모습을 그려 넣었습니다.

쿠엔틴 마세이스 〈환전상과 그의 아내〉
1514년 유화 목판 70.5×67㎝
루브르미술관, 파리, 프랑스

마세이스의 얼굴을 비추고 있다!

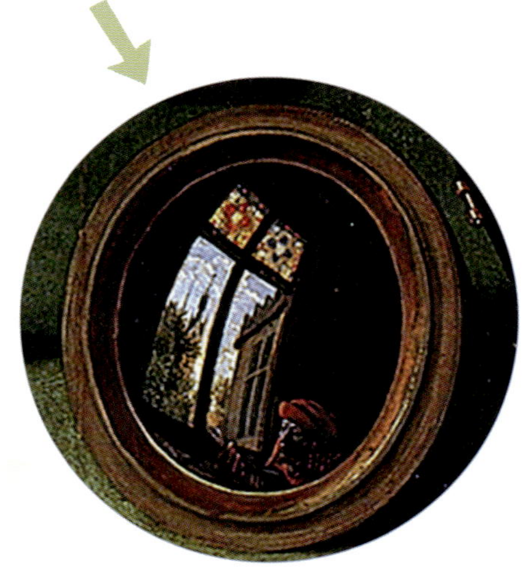

눈치 보지 않고 전력 투구

존 테니얼이 삽화를 그린 루이스 캐럴 작 「이상한 나라의 앨리스」에 등장하는 공작부인의 모티브가 된 작품입니다. 의학을 배운 사람이라면 「뼈파제트병」의 예로 교과서에서 본 적이 있을지도 모릅니다.

플랑드르(현재의 벨기에) 화가 마세이스가 1513년경에 그린 문제작입니다. 장난으로 그린 그림치고는 정성스럽게 잘 그렸고, 고객의 주문을 받아 그린 초상화로 보기에는 이상합니다. 마세이스는 도대체 어떤 생각을 하며 이렇게 늙고 추한 모습을 리얼하게 그렸을까요?

쿠엔틴 마세이스 (1466경–1530)

프랑스어 발음으로는 캉탱 마시라고도 표기됩니다. 현재의 벨기에 루뱅에서 태어나 안트베르펜에서 활동했습니다. 플랑드르파의 세밀한 묘사와 이탈리아 르네상스의 인물 묘사를 융합한 작품을 남겼습니다. 그의 아들과 손자도 화가로 활약했습니다.

요하힘 폰 산드라르트의 판화

쿠엔틴 마세이스 〈늙은 여인〉
1513년경 유화 목판 64.2×45.4㎝
내셔널갤러리, 런던, 영국

젊은 사람이 입을 법한 옷과 주름투성이 피부의 대
비를, 뛰어난 세밀한 묘사와 질감 표현으로 자연스
럽게 표현했습니다. 영국에서는 P67의 남성 초상화
와 함께 〈튀니스(역주:튀니지의 수도)의 왕과 왕비〉
라는 제목으로 판화로 만들어 널리 유통되었습니다.
이 작품이 존 테니얼의 「이상한 나라의 앨리스」의 삽
화(오른쪽)의 참고가 되었을지도 모릅니다.

Quinten Massijs

다빈치도 반한 추한 여인

〈늙은 여인〉은 마세이스의 친구였던 네덜란드 인문주의자 에라스무스가 1511년에 출판한 「우신예찬」에서 비판한 늙고 성적인 여성을 시각화한 작품이라고 합니다.

하지만 레오나르드 다빈치가 이 「우신예찬」 책 이전에 이 작품과 거의 비슷한 소묘을 그렸다고 합니다. 그렇다면 마세이스는 다빈치의 작품을 모방한 것이라고 생각될 수 있지만, 과학 조사 결과 마세이스 작품의 밑그림이 더 먼저 그려졌다는 사실이 밝혀졌습니다. 두 사람은 이전부터 데셍을 주고받는 사이였다고 합니다. 따라서 이 추한 여인의 모티브는 에라스무스에서 유래된 것이 아니라, 당시 「그로테스크한 얼굴」에 심취해 있던 다빈치와의 교류에서 비롯된 실험작이라고 볼 수 있습니다.

이를 본격적으로 유화로 완성한 이유로는, 서양 회화의 전통적인 주제 중 하나인 젊은 여성과 늙은 남성을 그린 「어울리지 않는 커플」을 반대로 표현한 것이라는 주장이 있습니다. 이 작품과 짝을 이루는 남성의 초상화도 존재하는데, 그 남성은 젊고 멋진 남자가 아니라 지긋한 나이의 중년 신사입니다. 어쩌면 실제로 존재했던 부부의 초상일 수도 있습니다.

혹시! 복제품?

〈늙은 여인〉과 매우 유사한 다빈치의 소묘 모사. 영국 왕실 소장한 「코덱스 윈저」에도 그로테스크한 얼굴이 여러 장 포함되어 있어 다빈치의 높은 관심을 엿볼 수 있습니다.

레오나르도 다빈치 〈그로테스크한 얼굴〉
모사 1510–1520년경 초크 종이 17.2×14.3cm
윈저성 왕실도서관, 런던, 영국

쿠엔틴 마세이스 〈로테르담의 에라스무스 초상〉
1517년 유화 목판 50.5×45.2cm
영국왕실컬렉션, 영국

나이가 들어도 여전히 교태부리며
거울 앞에서 떨어질 줄 모르고
역겹게 쭈그러진 젖가슴을 드러내고도
창피함을 모르는 여자(우신예찬)

네덜란드 로테르담 출신의 에라스무스는 카톨릭 수도사이면서 「우신예찬」 등 인문주의적 저서를 발표한 인물입니다. 그는 루뱅대학 교수로 재직하면서 마세이스와 ㅣ밀접한 교류를 가졌습니다.

젊고 아름다운 여인과 추한 노인은 서양 회화의 대표적인 주제

쿠엔틴 마세이스
〈어울리지 않는 커플〉
1520–1525년경
유화 목판 43.2×63cm
워싱턴 국립미술관
워싱턴 DC, 미국

젊은 여인과 추한 노인을 그린 「어울리지 않는 커플」은 오랜 세월 동안 인기 있는 주제로, 젊은 여인과 추한 노인을 묘사하여 선정적인 요소를 풍자했습니다. 많은 화가들이 이 주제를 즐겨 다루었습니다. 마세이스는 이와 반대로 추한 여인을 그렸다는 설도 있지만, 짝이 되는 작품을 보면 이해되지 않는 부분도 있습니다.

젊고 잘생긴 남자가
아니라서 미안해요

〈늙은 여인〉과 짝이 되는 중년의 신사를 그린 작품입니다. 이 사람이 배우자라면, 「어울리지 않는 커플」이라기보다는 '실제로 있을 법한 부부'로 보입니다.

쿠엔틴 마세이스 〈노인의 초상〉
1513년경 유화 목판 개인소장

쿠엔틴 마세이스 〈성모자와 어린 양〉 1513년경 유화 템페라 목판 112×88㎝ 포즈난국립미술관, 포즈난, 폴란드

마세이스는 다빈치보다 14세 어립니다. 다빈치와 교환한 데셍을 바탕으로 작품을 그릴 때, 세부 사항을 미묘하게 바꾸는 등 적절히 배려할 줄 아는 사람이었습니다.

레오나르도 다빈치 〈성안나와 성모자〉 1508년 경 유화 목판 168×112㎝ 루브르미술관, 파리, 프랑스

쿠엔틴 마세이스

유튜브
동영상 해설

Raffaello Santi

라파엘로
1483–1520

교과서에서 만난 「서양 회화의 정석」

아테네 학당

네 개의 '라파엘로의 방'에 있는 거대한 벽화들은 로마 교황 율리오 2세의 발주로 시작되었으며, 그의 사후에는 레오 10세가, 라파엘로 사후에는 그의 공방이 작업을 이어받아 1524년에 완성했습니다. 이 작품이 있는 '서명의 방'은 가장 먼저 작업을 시작한 장소로, 라파엘로가 밑그림부터 완성까지 직접 맡았습니다.

라파엘로 산티 〈아테네 학당〉
1509–1510년 프레스코화 500×700㎝
바티칸 궁, 바티칸

라파엘로 산티
〈율리오 2세의 초상〉
1511년 유화 목판 108.7×81㎝
내셔널갤러리, 런던, 영국

이것이 바로 르네상스 회화의 정점!

르네상스의 정점을 대표하는 화가로 흔히 다빈치를 떠올리지만, 미술사적으로는 라파엘로가 그 자리에 있습니다.

세계사 교과서에서 익숙한 이 작품은 바티칸 궁의 '라파엘로의 방'이라고 불리는 네 개의 방을 장식한 16장의 거대한 벽화 중의 하나입니다. 라파엘로는 짧은 37년의 생애 동안, 다빈치와는 달리 수 많은 걸작을 남겼습니다.

그 작품들은 퀄리티 또한 매우 뛰어났습니다. 이 작품은 고대 그리스의 풍경을 재현하는 것을 넘어, 르네상스 문화의 본질을 멋지게 시각화했습니다.

Raffaello Santi

"성모자의 화가"로
알려진 라파엘로

르네상스 시기의 화가 중에서는 드물게, 라파엘로는 어린 아이를 귀엽게 그렸습니다. 여기에 다빈치와 비슷한 느낌의 우아한 여성상이 더해져 그의 성모자상이 큰 인기를 끌었습니다. 그러나, 그의 실력은 여기에 그치지 않았습니다.

라파엘로 산티
〈카르델리노의 성모〉
1505–1506년 유화 목판
107×77cm
우피치미술관, 피렌체, 이탈리아

라파엘로 산티 (1483–1520)

우르비노 공국의 궁정화가였던 아버지로부터 회화의 기초와 기법을 배우고, 페루지노에게서도 지도를 받았습니다. 이후 피렌체에서 다빈치의 영향을 받은 뒤, 로마로 초청되어 미켈란젤로 등과 함께 바티칸 궁에서 작업하게 되었습니다. 그는 큰 공방을 운영하며 뚜어난 경영 능력으로 선배들을 능가하게 되었습니다.

라파엘로 산티 〈자화상〉
1504–1506년 템페라 목판
47.5×33cm 우피치미술관, 피렌체, 이탈리아

❶ 소크라테스

플라톤의 스승으로, '무지의 지'를 설파하며, 억울하게 고발되어 독약을 마시고 생을 마감했습니다.

❷ 플라톤

아테네에 아카데미아를 설립한 철학자로, 이 작품의 주인공입니다. 그의 모델은 레오나르도 다빈치였습니다.

❸ 아리스토텔레스

플라톤의 제자로, 중세 기독교의 스콜라 신학에 큰 영향을 미쳤습니다.

❹ 플로티누스

고대 로마의 철학자로, 플라톤 사상을 이어받아 신플라톤주의를 창시했습니다.

상단은 플라톤 철학의 계보

하단은 자연 철학의 계보

❺ 디오게네스

커다란 통에서 개처럼 살았던 '견유파' 철학자로, 숨을 멈추는 수행 중에 사망했다고 전해집니다.

❻ 피타고라스

피타고라스의 정리로 유명한 수학자로, "만물은 수에서 비롯된다."라고 주장하며 음악도 비율로 해석했습니다.

❼ 헤라클레이토스

"만물은 흐른다."라고 주장한 염세적인 자연 철학자입니다. 이 그림의 모델은 미켈란젤로입니다.

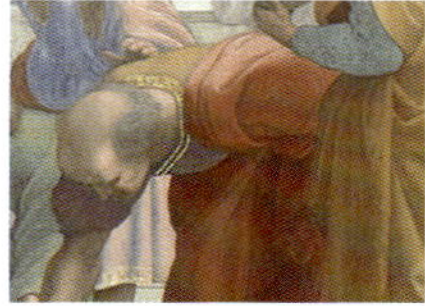

❽ 유클리드

'기하학의 아버지'로 알려진 철학자로, 그의 모델은 라파엘로를 지원했던 같은 고향의 건축가 브라만테입니다.

Raffaello Santi

이것이 르네상스의 본질이다!

〈아테네 학당〉의 상단에는 플라톤 철학, 하단에는 자연 철학의 계보를 잇는 고대 그리스와 로마의 철학자들이 서 있습니다. 이는 신플라톤주의 사상인 천상의 이데아 (=이상)가 지상의 현실(=자연)을 이긴다는 것을 암시합니다.

중앙에는 르네상스 시기에 재평가된 플라톤이 중세 기독교 신학에서 중시된 아리스토텔레스와 대화를 나누고 있습니다. 라파엘로는 고대 문화의 단순한 '부흥'이 아닌, 고대 문화와 기독교의 '융합'이 르네상스의 본질임을 회화로 표현했습니다.

주인공인 플라톤을 다빈치의 얼굴로, '어두운 철학자' 헤라클레이토스를 미켈란젤로의 얼굴로 그리는 등, 같은 시대의 선배들을 배려한 점과 자신의 모습도 세심하게 담아낸 것 또한 주목할 만합니다.

라파엘로 산티 〈파르나소스 산〉
1510–1511년 프레스코화 폭 670㎝
바티칸궁, 바티칸

'서명의 방' 북쪽 벽에는 '시학'이 주제로 한 그림이 있습니다. 이 그림은 파르나소스 산에서 아폴론과 예술의 여신 뮤즈가 호메로스와 단테 등 역대 시인들을 찬양하는 장면을 담고 있습니다. 라파엘로는 이 작품의 맞은편에 '법학'을 주제로 한 그림을 배치하여, 교회법을 정한 역대 교황들을 그려 균형을 맞추고 있습니다.

고대 그리스 철학의 대화를 그린 〈아테네 학당〉 맞은편에는 기독교의 신학 논의를 담은 이 작품이 자리하고 있습니다. 천상에는 신과 성인들이, 지상에는 교황과 신학자들이 위치한 구도가 유사합니다. 이 두 작품은 짝을 이루어 르네상스의 본질인 고대 문화와 기독교의 융합을 표현하고 있습니다.

라파엘로 산티 〈성체 논의〉
1509-1510년 프레스코화, 500×770㎝
바티칸궁, 바티칸

유튜브
동영상 해설

Agnolo Bronzino

브론치노

1503-1572

무엇이든 극한에 다다르면
이상해지기 마련이다

비너스와 큐피드의 알레고리

아뇰로 브론치노 〈비너스와 큐피드의 알레고리〉
1545년경 유화 목판 146.1×116.2㎝
내셔널갤러리, 런던, 영국

엄마와 아들이 이런 자세로 있는 건
아무래도 심한 거 아닌가요?

큐피드는 비너스의 아들이자 부하로 알려져 있지만, 이 둘의 자세는 확실히 어색합니다. 고대 조각을 모방하여 큐피드를 아름다운 청년으로 그렸기에 생생함이 더욱 두드러집니다. 이 작품은 코시모 1세가 프랑스 국왕 프랑수아 1세에게 보낼 선물로 그린 것이라, 그 아름다움은 특별히 의도된 것일 수도 있습니다.

  Agnolo Bronzino

반드시 마지막에는 사랑이 승리한다!

시간, 질투, 기만 등 사랑을 방해하는 불쾌한 의인화들에 둘러싸여 있지만, 사랑의 여신 비너스와 큐피드는 전혀 동요하지 않습니다. 그들의 몸은 부자연스럽게 뒤틀려 있고, 피부는 도자기처럼 차갑고 매끄럽습니다.

르네상스 거장들의 기법(마니에라)을 더욱 극대화하여 오히려 부자연스러워진 16세기 회화 양식을 마니에리즘이라고 부릅니다. 브론치노의 〈비너스와 큐피드의 알레고리〉는 마니에리즘의 전형적인 작품이라 할 수 있습니다.

아뇰로 브론치노 (1503–1572)

'브론치노'라는 이름은 아마도 그의 청동(브론즈)색 머리카락에서 유래된 별명일 것입니다. 본래 성은 디 코시모입니다. 그는 피렌체파의 정통을 이어받아 폰토르모 공방에서 마니에라를 배웠으며, 이후 트스카나 대공이 된 메디치 가문의 코시모 1세의 궁정화가로 활동했습니다.

알렉산드로 알로리 〈삼위일체〉(부분) 1567–1572년 경

사랑을 방해하는 요소들을 기발하게 의인화하여 비유로 가득 채웠다

어리석음

다리에 가시가 찔린 줄도 모르고 꽃잎을 뿌리려는 행동은 어리석음을 상징하는 '폴리(Folly)'를 나타냅니다.

시간

날개를 단 모래시계를 등에 지고 있는 노인은 흐르는 시간을 상징하며, 그리스 신화의 시간의 신 크르노스를 연상시킵니다.

망각

후두부가 없는 무시무시한 모습의 여성은 기억을 잃은 상태, 즉 망각을 비유적으로 표현한 것입니다.

육욕

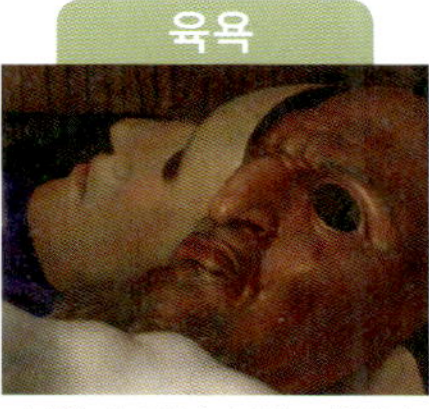

부활제 전날 식사 제한이 시작되기 전에 고기를 먹으며 기뻐하는 카니발(사육제)에 자주 등장하는 가면은 육욕을 비유적으로 표현한 것입니다.

기만

상반신은 미소녀이지만 하반신은 괴물인, 손도 좌우가 반대인 기만의 상징은 얼굴부터 무서움을 느끼게 합니다.

사랑

서양에서 '러비 더 비(Lovey–Dovey)'로 표현되는 사랑에 가득 찬 상태를 상징하는 한 쌍의 비둘기는 사랑의 여신 비너스의 '스유물' 중 하나입니다.

질투

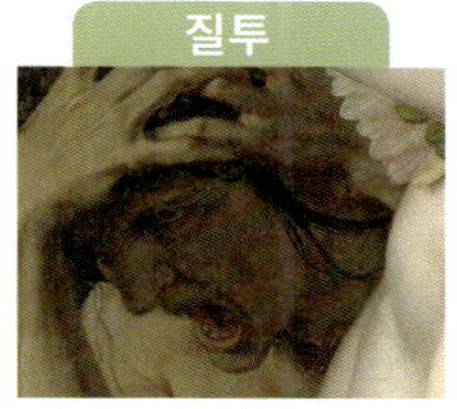

비너스의 젊음을 질투하여 끔찍한 형상으로 머리를 쥐어뜯는 노인은 질투를 비유적으로 표현한 것입니다.

뒤틀린 인체를 그리던 거장 미켈란젤로의 마니에라. S자 모양의 뱀 같은 곡선(세르펜티나타 양식)을 지나치게 강조하여, 인체가 부자연스럽게 뒤틀리거나 이상하게 길어 보이는 것이 마니에리즘의 첫 번째 특징입니다.

미켈란젤로 부오나로티
〈톤도 도니(성가족)〉
1507년경 유화 목판 91×80㎝
우피치미술관, 피렌체, 이탈리아

파르미자노는 브론치노와 함께 마니에리즘의 대표하는 화가입니다. 그는 뱀처럼 휘어진 곡선을 지나치게 강조하여 성모의 목뿐만 아니라 모든 인물의 몸이 부자연스럽게 늘어난 것처럼 보이게 합니다. 어린 예수조차 생기가 없으며, 이는 십자가 위의 죽음을 암시한다는 해석이 있을 정도입니다.

파르미자노 〈목이 긴 성모〉
1534–1540년 유화 목판 219×135㎝
우피치미술관, 피렌체, 이탈리아

Agnolo Bronzino

다빈치가 완성하고 라파엘로가 계승한, 연기처럼 부드러운 음영을 만드는 '스푸마토' 기법. 이 기법을 지나치게 강조하여 도자기처럼 생기 없는 차가운 피부로 표현된 것이 마니에리즘의 두 번째 특징입니다.

라파엘로 산티
〈엘리자베타 곤차가의 초상화〉
1504년 경 유화 목판 52.9×37.4㎝
우피치미술관, 피렌체, 이탈리아

코시모 1세의 부인과 아이의 초상화. 브론치노라는 별명이 머리카락 색이 아니라, 청동처럼 차가운 피부를 그린다는 것에서 유래했다는 이야기도 이해됩니다.

아뇰로 브론치노
〈엘레오노라 디 톨레도와 그의 아들 조반니〉
1544–1545년 유화 목판 115×96㎝
우피치미술관, 피렌체, 이탈리아

브론치노가 폰토르모의 작품을 모작하였습니다. 이를 바탕으로 큐피드를 아름다운 청년으로 성장한 모습으로 그리며, 여러 아이템을 추가하여 〈비너스와 큐피드의 알레고리〉라는 작품을 완성했습니다.

위험한 포즈의 원조는 위대한 거장

마니에리즘은 이 거장들의 스타일을 계승하고 더욱 발전시킨 것입니다. 비너스와 큐피드의 비도덕적으로 보이는 포즈에서도 거장들의 영향을 엿볼 수 있습니다.

브론치노는 스승 폰토르모 작품을 모방하여 〈비너스와 큐피드의 알레고리〉와 유사한 〈비너스와 큐피드〉를 그렸습니다. 폰토르모는 미켈란젤로 선배의 작품을 모사했다고 증언한 바 있습니다.

〈비너스와 큐피드의 알레고리〉는 피렌체 공작 코시모 1세가 프랑스 국왕 프랑수아 1세에게 선물로 보낸 중요한 작품입니다. 브론치노는 미켈란젤로의 뒤틀린 신체 표현과 라파엘로의 피부 묘사를 더욱 강조하며, 가능한 모든 기발한 비유를 담아내려 한 것으로 보입니다.

Agnolo Bronzino

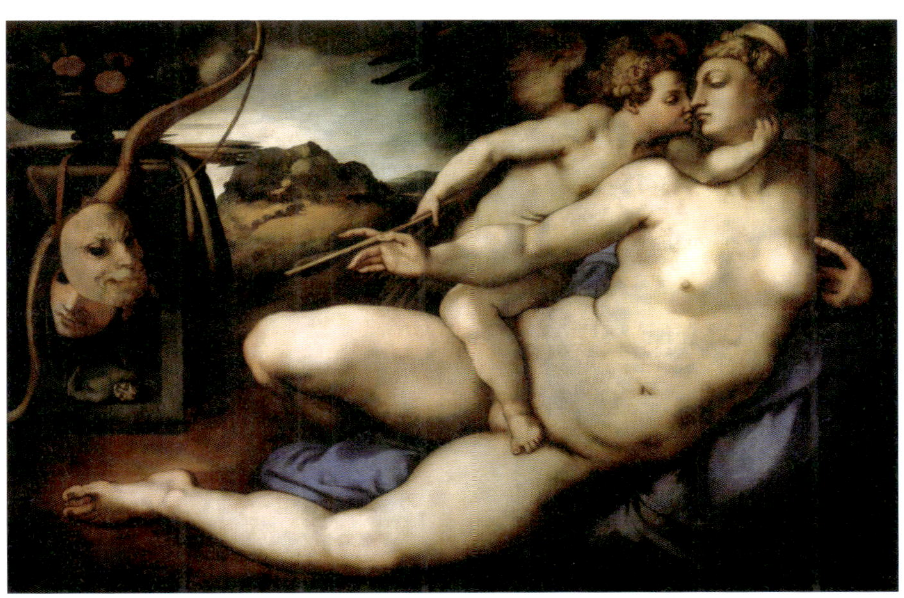

자코포 다 폰토르모 〈비너스와 큐피드〉
1533년경 유화 목판 128×194㎝ 아카데미아 미술관, 피렌체, 이탈리아

가면의 비유가 담긴 이 작품을 폰토르모는 미켈란젤로의 모작
이라고 주장했습니다. 비록 그 작품은 현재 존재하지 않지만,
비너스의 포즈는 분명히 그 거장을 연상시킵니다.

그 스승이 모방한 것은
바로 거장 미켈란젤로!

〈비너스와 큐피드의 알레고리〉도
내가 그리도록 시켰지!

브론치노가 섬긴 코시모 1세는 메디치 가문
의 방계 출신이었지만, 선대가 암살되면서 18
세에 피렌체 공작이 되었습니다. 이후 합스부
르크 가문의 지원을 받아 초대 토스카나 대
공의 자리에 올랐습니다.

아뇰로 브론치노 〈코시모 1세의 초상화〉
1545년 유화 목판 74×58㎝
우피치미술관, 피렌체, 이탈리아

유튜브
동영상 해설

Ecole de Fontainbleau

퐁텐블로파
16세기

아이디어 재활용으로
깊어지는 수수께끼

가브리엘 데스트레 자매

가브리엘로 추정되는 초상화와 얼굴이 닮아있고, 제작연도로 보아 〈가브리엘 데스트레 자매〉라는 제목이 붙었지만, 원래 제목이 없고 작가도 불분명합니다. 가브리엘은 총명한 인물로, 앙리 4세의 개종과 낭트칙령에도 그녀가 조언한 것으로 전해집니다.

퐁텐블로파 〈가브리엘 데스트레 자매〉 1594년경 유화 캔버스 96×125㎝ 루브르미술관, 파리, 프랑스

©Jean-Christophe BENOIST

퐁텐블로파 (1530경–1610경)

퐁텐블로 궁전에 초대된 이탈리아 마니에리즘 화가들의 기법(마니에라)을 계승한 프랑스 화가들을 일컫는 총칭이며, '이중 마니에리스트'라고도 부릅니다. 르네상스 시기의 다빈치나 안드레아 델 사르토부터 마니에리즘 시기의 로소 피오렌티노에 이르기까지 이탈리아 화가들의 초빙은 이어졌으며, 프랑스 미술 발전에 큰 기여를 했습니다.

프랑수아 1세

이탈리아 전쟁에서 신성 로마제국과 치열한 전투를 벌인 그는, 내정에서는 퐁텐블로 궁전을 지어 다빈치 등을 초청했습니다. '프랑스 르네상스의 아버지'로 불립니다.

장 클루에 〈프랑스왕 프랑수아 1세의 초상화〉
1527–1530년경 유화 목판 96×74cm
루브르미술관, 파리, 프랑스

서자를 임신해서 정실부인이 될 수 있을까?

〈가브리엘 데스트레 자매〉 작품은 이탈리아에서 초청된 마니에리즘 화가들의 기법을 활용한 퐁텐블로파의 무명 화가가 그린 매우 독특한 작품입니다. 두 명의 젊은 여성이 목욕을 하고 있습니다. 오른쪽 여성은 반지를 손에 쥐고 있으며, 왼쪽 여성이 그녀의 유두를 잡고 있습니다. 뒤쪽에는 아기 옷을 바느질하는 하녀도 보입니다.

오른쪽 여성은 프랑스 왕 앙리 4세의 애첩 가브리엘 데스트레, 왼쪽 여성은 그녀의 여동생입니다. 유두와 아기 옷은 그녀가 국왕의 아이를 임신했음을, 반지는 국왕이 그녀와 결혼을 원한다는 것을 상징한다고 합니다.

사실, 정략결혼을 한 왕비와의 관계가 식어버린 앙리 4세는 교황청에 혼인 무효를 신청했었습니다. 하지만, 이혼이 승인되기 직전, 가브리엘은 26세의 젊은 나이에 갑작스럽게 사망하고 맙니다.

가브리엘 설

초상화와 얼굴이 닮았고, 1594년경 그녀가 국왕과의 사이에서 첫째 아들을 낳았을 때 그려진 것으로 추정되는 것이 일반적인 견해입니다. 다만, 앙리 4세가 왕비와의 이혼을 신청하고 그녀와의 결혼을 결심한 것은 셋째 아이가 태어난 후였습니다.

앙리 4세
「1553–1610」

가브리엘 데스트레
「1573–1599」

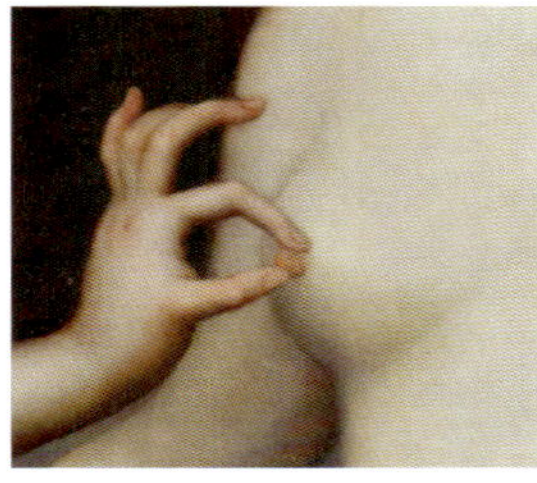

유두를 잡고 있다
= 임신을 암시

아기 옷을 바느질한다
= 출산이 가까워 진 것을 암시

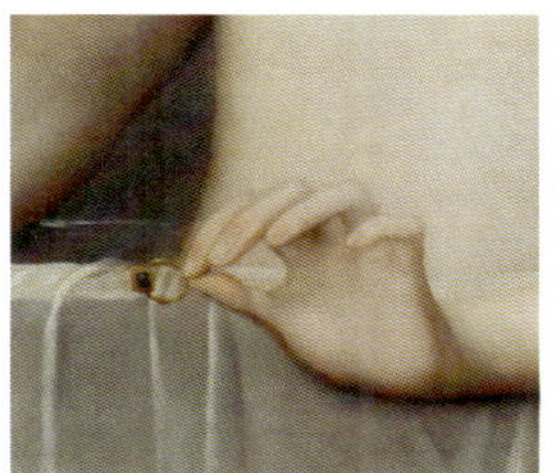

반지를 쥐고 있다
= 결혼을 암시

디안 설

클루에가 앙리 2세의 20세 연상인 애첩을 그린 작품(P95 아래 그림)과 유사하다는 점이 이 설의 근거입니다. 그러나 이 두 사람 사이에 아이가 없었고, 후대의 화가가 클루에의 스타일을 모방해 가브리엘을 그렸을 가능성도 배제할 수 없습니다.

앙리 2세
「1519–1599」

디안 드 푸아티에
「1499–1566」

아이디어의 원천은
바로 그 거장

다빈치의 밑그림을 바탕으로 프랑스로 함께 건너간 제자 살라이가 그린 「누드 모나리자」. 팔꿈치를 구부린 3/4 정면의 누드화 스타일은 퐁텐블로파에 전해져 가브리엘 포즈의 원형이 되었을 가능성이 큽니다.

장 자코모 카프로티(통칭 살라이) 〈모나 반나〉
1490–1518년 유화 목판 86.5×66.5㎝
루브르미술관, 파리, 프랑스

〈가브리엘 데스트레 자매〉
17세기 유화 캔버스 98×128㎝ 퐁텐블로궁전미술관, 파리, 프랑스

〈가브리엘 데스트레 자매〉와 같은 시대의 화가가 그린 작품으로, 그녀가 국왕과의 사이에서 장남 세자르를 무사히 출산했음을 표현한 것으로 보입니다.

「다른 앙리」의 또 다른 버전인가?

〈가브리엘 데스트레 자매〉로 알려진 작품과 유사한 그림들이 몇 점 더 존재합니다(다음 페이지 참고). 이들 그림은 유두나 반지를 잡고 있지는 않지만, 아기를 안고 있는 유모와 남자 아이가 그려져 있어 두 번째 아이의 탄생을 암시하고 있습니다.

그러나 가브리엘이 태어난 다음 해에 사망한 화가 클루에가 이와 매우 유사한 작품을 남겼으며, 그 그림에 등장하는 인물은 가브리엘이 아닌, 2대 전 국왕 앙리 2세의 애첩인 디안 드 푸아티에로 추정됩니다. 같은 모티브를 반복해서 그리는 마니에리즘 회화의 특성상, 진상을 밝히는 것이 쉽지 않습니다.

장난기 있는 유아는 장남, 갓난아기
는 2년 후에 태어난 장녀라고 생각했
지만, 클루에가 먼저 그린 작품(아래)
을 그대로 모방한 것을 보면 다른 여
성을 그린 것일 가능성도 있습니다.

퐁텐블로파 〈가브리엘 데스트레의 목욕〉
1598–1599년 유화 캔버스 115×103㎝
콩데미술관, 샹티이, 프랑스

두 번째 아이도 탄생!

「다른 앙리」의
다른 애첩인가?

퐁텐블로파에서 몇 안 되는 이름이
알려진 화가 프랑수아 클루에가, 앙
리 2세의 애첩 디안을 모델로 그녀의
사후에 그렸다고 전해지는 작품입니
다. 그러나 그녀와 국왕 사이에 아이
가 없었기 때문에, 유아와 아기의 의
미도 달라져 위쪽 작품의 해석에도
영향을 미칩니다.

프랑수아 클루에 〈목욕하는 부인〉
1571년 유화 목판 92.3×81.2㎝
워싱턴 국립미술관, 워싱턴 DC, 미국

유튜브
동영상 해설

El Greco

엘 그레코

1541–1614

독특한 화풍의 비밀은
그의 출신지에 있다

라오콘

이 작품은 엘 그레코가 크레타섬 시절에 그린 동방정교회의 이콘입니다. 당시 크레타 섬은 베네치아령이었지만, 그 이전에는 동로마제국령이었기 때문에 동방정교의 전통이 깊이 남아있었습니다. 〈성모의 죽음〉은 카톨릭교회에서 「성모 승천」을 뜻합니다. 성모 마리아가 사망하고 승천하는 장면을 그린 작품입니다.

엘 그레코 〈성모의 죽음〉
1567년이전 템페라 금채색 목판 61.4×45㎝
에르무폴리스대성당, 시로스섬, 그리스

엘 그레코 (1541-1614)

크레타섬 출신으로 본명은 도미니코스 테오토코풀로스입니다. 고향에서는 이콘 화가로 활동였고,이후 베네치아로 가서 티치아노의 영향 아래 르네상스 회화를 배웠습니다. 로마에서 파르네제 추기경 밑에서 일했지만 2년 만에 해고되어 스페인으로 건너갔습니다. 스페인의 옛 도읍 톨레도에서 활동하며, 사망할 때까지 많은 작품을 남겼습니다.

엘 그레코 〈자화상(추정)〉
1595-1600년 유화 캔버스 53×47㎝
메트로폴리탄미술관, 뉴욕, 미국

그는 그리스인이니까

부자연스럽게 늘인 듯한 인체, 공중에 떠 있는 듯한 느낌. 잿빛을 띤 독특한 색조. 자세히 보면 여러 시점에서 형성된 원근법이 한 그림 안에 함께 있는 것을 느낄 수 있습니다.

엘 그레코는 스페인어로 '그리스인'을 의미하는 별명입니다. 그는 크레타섬 출신으로, 원래 동방정교회의 이콘 화가였습니다. 로마 카톨릭 문화권에서 자란 서구의 화가들과는 기본적으로 다릅니다. 또한, 르네상스 회화의 기법을 기반으로 쌓아 올린 그의 화풍은 서양미술사에서도 매우 독특한 위치를 차지합니다.

El Greco

그리스 신화를 주제로 한 엘 그레코의 유일한 그림

엘 그레코 〈라오콘〉 1610-1614년경 유화 캔버스 142×193㎝ 워싱턴 국립미술관, 워싱턴DC, 미국

라오콘은 트로이의 신관으로, 적국 그리스가 계획한 '트로이 목마'작전을 간파한 탓에, 그리스 신들에 의해 두 눈이 멀고 바다뱀 괴물에게 두 아들이 희생되었습니다. 배경에 그려진 도시는 트로이가 아니라, 화가가 사랑했던 톨레도입니다.

1506년 로마에서 출토되어 미켈란젤로에게 큰 영향을 준 기원전 1세기경의 라오콘 군상. 엘 그레코 또한 로마에 머무는 동안 반드시 보았을 유명한 작품입니다.

아게산드로스, 아테노도로스, 폴리도로스
〈라오콘 군상〉
기원전 160-20년 대리석 2.4m
바티칸미술관, 바티칸

티치아노 베첼리오

엘 그레코는 이 베네치아파 최고 거장 아래에서 서양 르네상스 회화를 배웠다고 전해집니다. 그의 특이한 화풍은 같은 티치아노의 제자였던 틴토레토와 일맥상통하는 부분이 분명히 있습니다.

티치아노 베첼리오
〈자화상〉
1562년경
유화 캔버스 86×65㎝
프라도미술관
마드리드, 스페인

로마 시대의 작품으로 일반적인 서구적 화풍으로 그려져 다음 시대에 등장할 바로크 회화의 명암 대비까지 미리 보여줍니다. 엘 그레코는 독특한 화풍으로 바뀌는 것을 '굳이' 선택한 것입니다.

스페인에서의 첫 작품은 로마시대에 친했던 성직자의 아버지가 사무관으로 일하던 톨레도 대성당을 위한 것이었습니다. 이 작품이 호평을 받은 것이, 후에 엘 그레코가 톨레도에 정착하게 된 계기가 되었다고 합니다.

엘 그레코 〈그리스도의 옷을 벗김〉
1577–1579년 유화 캔버스
285×173㎝ 톨레도대성당, 톨레도, 스페인

엘 그레코 〈초에 불을 붙이는 소년〉
1571–1572년경 유화 캔버스 60.5×50.5㎝
카포디몬테미술관, 나폴리, 이탈리아

드디어 찾은 활동 무대

엘 그레코는 26세에 베네치아로 건너가 거장 티치아노 주변에서 서양 르네상스 회화를 배웠습니다. 이후에 로마에서 추기경에게 고용되었으나, 그의 화풍이 지나치게 독특했던 탓인지 2년 후 해고되었습니다. 스페인으로 건너간 후에는 국왕 펠리페 2세로부터도 지적받는 처지였습니다.

그가 최종적으로 도달한 곳은 이슬람 등 다문화가 공존했던 옛 수도 톨레도였습니다. 독특한 화풍도 이곳에서는 오히려 큰 환영을 받았습니다. 엘 그레코가 〈라오콘〉의 배경으로 톨레도의 거리를 그린 것은 그에 대한 감사의 표현일지도 모릅니다. 그의 묘비에는 "크레타는 그에게 삶과 붓을 주었고, 톨레도는 그의 가장 찬란한 조국이 되어주었다."라고 새겨져 있습니다.

엘 그레코 〈성 마우리티우스의 순교〉
1580–1582년 유화 캔버스 445×294cm
엘에스코리알수도원, 마드리드, 스페인

국왕 펠리페 2세에게 수도 마드리드로 초청받아 그린 작품. 고대 로마 군대장 마우리티우스의 행군과 부하와의 의논, 이교도의 의식을 거부하여 순교하는 3 장면을 한 장에 담았습니다. 화풍이 지나치게 독특한 탓에 중요한 순교 장면(왼쪽 아래)이 너무 작게 그려져, 국왕에게서 지적을 받았습니다.

「무염시태」는 성모도 예수와 같게 원죄가 없는= 동정으로 잉태했기 때문에 사후에도 최후의 심판을 기다리지 않고 승천했다고 하는, 특히 스페인에서 지지되는 이야기입니다. 엘 그레코의 특징적인 화풍이 '전부 담겨져 있는' 대표작입니다.

엘 그레코 〈무염시태〉
1608–1613년 유화 캔버스 347×174cm
산타크루즈미술관, 톨레도, 스페인

마니에리즘

이렇게 정신없는
그림을 보고 있으면
기도할 마음도
사라진다고!

스페인국왕 펠리페 2세

열렬한 카톨릭 신자이자 미술 애호가였던 국왕 펠리페 2세는 엘 그레코의 독특한 화풍을 마음에 들어 하지 않았다고 합니다.

길게 늘어진 인체, 회색 + 삼원색, 부유감과
여러 개의 시점이 바로 엘 그레코!

유튜브
동영상 해설

Diego Velázquez

벨라스케스
1599-1660

보는 이를 그림 속으로 이끄는
'신성한 명화'

시녀들

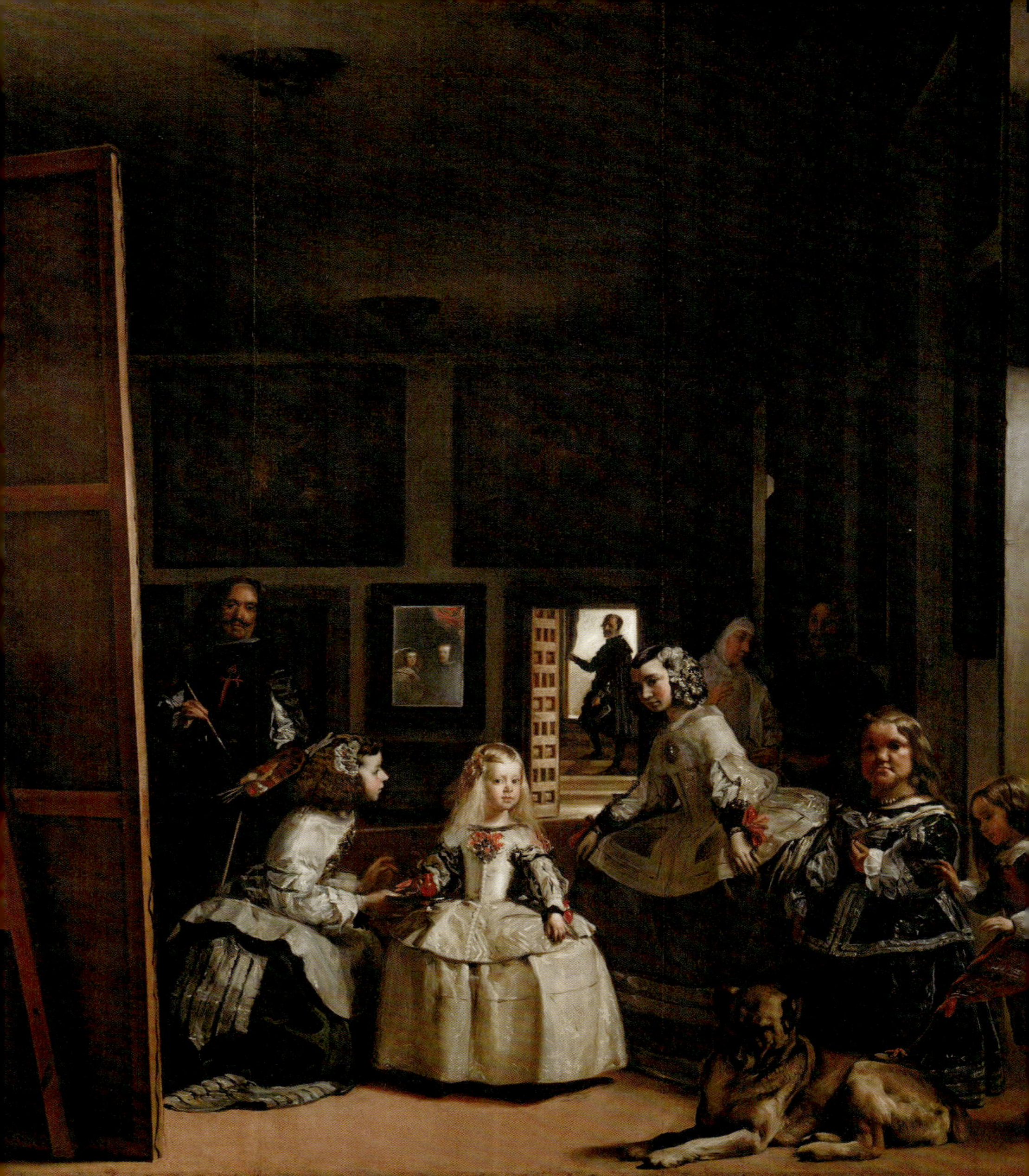

디에고 벨라스케스 〈시녀들〉 1656년 유화 캔버스 318×276㎝ 프라도미술관, 마드리드, 스페인

제목은 〈시녀들〉이지만, 실제로 시녀는 공주의 양옆에 있는 두 명뿐입니다. 오른쪽 끝에 있는 남녀는 공주의 놀이 상대인 '궁정 난쟁이'이며, 그 뒤에는 공주의 교육을 담당하는 여성과 경호를 맡은 남성이 있습니다. 뒤쪽 문에 서 있는 남성은 왕비의 시종으로, 묘사가 매우 정교하여 이들의 이름까지 알려져 있습니다. 앞에 앉아 있는 개는 국왕의 반려견인 마스티프입니다.

Diego Velázquez

거울아, 거울아, 그림 속에 그려진 사람은 누구일까?

그림의 중심 인물은 스페인 공주 마르가리타입니다. 왼쪽 끝에 있는 커다란 캔버스 앞에 서있는 사람은 공주의 초상화를 계속 그려온 수석 궁정화가 벨라스케스입니다. 하지만 그가 서있는 위치에서는 공주의 뒷모습만 보입니다. 그렇다면 그는 도대체 누구를 그리고 있는 것일까요?

정답은 뒤쪽 거울 속에 있습니다. 거울에 비친 것은 국왕 펠리페 4세 부부입니다. 결국, 이 작품은 벨라스케스가 그림 밖에 서 있는 국왕 부부를 그리고 있는 상황에 공주가 시녀들과 함께 놀러 온 장면을 그린 것입니다.

반려견 마스티프는
그림 밖에 있는
국왕을 보고 있어요!

디에고 벨라스케스 (1599–1660)

스페인 남부 세빌리아에서 태어나 그 지역 화가에게 그림을 배웠습니다. 24세에 마드리드로 가서 국왕 펠리페 4세의 인정을 받아 궁정화가가 되었습니다. 이탈리아 여행과 루벤스와의 교류를 통해 갈고닦은 빠르고 정확한 붓터치는 마네에게 깊은 인상을 주었고, 그는 벨라스케스를 '화가 중의 화가'라고 찬양했습니다.

디에고 벨라스케스 〈자화상〉 1650년경 유화 캔버스 45×38cm
발렌시아미술관, 발렌시아, 스페인

스페인과 오스트리아의 합스부르크 가문 간 숙질혼으로 태어난 마르가리타 공주는, 15세에 숙부인 신성로마제국 황제 레오폴트 1세와 결혼했습니다. 이 결혼 교섭을 위해, 어릴 때부터 벨라스케스가 그린 그녀의 '성장 초상화' 여러 점이 오스트리아로 보내졌습니다.

〈분홍 드레스를 입은 마르가리타 공주〉
1653-1654년 유화 캔버스 128.5×100㎝
미술사미술관, 빈, 오스트리아

〈흰 드레스를 입은 마르가리타 공주〉
1656년 유화 캔버스 105×88㎝
미술사미술관, 빈, 오스트리아

Diego Velázquez

디에고 벨라스케스
〈파란 드레스를 입은 마르가리타 공주〉
1659년 유화 캔버스 127×107㎝
미술사미술관, 빈, 오스트리아

**철저히 고민된
인물 배치**

인물을 좌우로 차례로 배치하여 지그재그 동선으로 보는 이의 시선을 자연스럽게 그림 속으로 끌어들이며, 마치 그림 안으로 빨려 들어가는 듯한 느낌을 줍니다. 가장 안쪽에 그려진 열린 문과 빛은 더 깊은 공간이 있음을 암시하는 연출로, 그 세련됨이 놀라울 정도입니다.

거친 붓질로 얇은 옷감을 표현하는 기법이나
하이라이트 부분의 흰 점은 아마도 같은 시대
의 네덜란드 회화에서 영향을 받은 것으로 보
입니다. 단색을 나열하여 밝은 색조를 만들어내
는 기법은 인상파의 필촉분할 기법을 앞서 실
현한 것입니다.

공주에게 초점을 맞추되, 그녀보다 안쪽에 서
있는 사람들은 점차 흐릿하게 그렸을 뿐만 아
니라, 공주보다 앞에 있는 개나 '궁전 난쟁이'의
초점까지도 미묘하게 흐려져 있습니다. 이를 가
리켜 '궁극의 공기 원근법'이라 부를 수 있을 것
입니다.

벨라스케스가 세상을 떠난 지 166년 후, 스페인
왕실의 궁정화가가 된 고야는 위대한 선배를
본떠 국왕 일가의 초상화 속에 캔버스 앞에 서
있는 자신의 모습을 그려 넣었지만, 그림 안과
밖을 연결하는 구도와 공기 원근법의 정교함까
지는 따라하지 못한 듯합니다.

프란시스코 데 고야 〈카를로스 4세 가족〉
1800년 유화 캔버스 208×336㎝
프라도미술관, 마드리드, 스페인

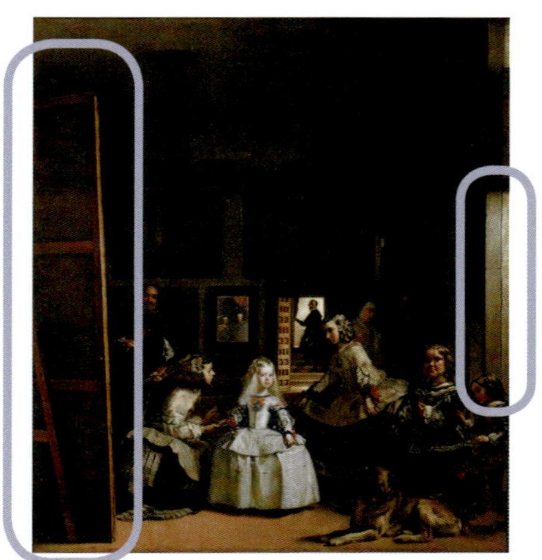

등장인물들이 화면 하단에 빽빽이 배치되어
있음에도 복잡한 느낌을 주지 않는 이유는,
왼쪽의 캔버스와 오른쪽의 기둥이 화면 상
단의 넓은 공간과 자연스럽게 이어지며 시각
적인 여유를 제공하기 때문일 것입니다.

고야도 존경의 뜻을 표함!

이렇게 초점이 맞지 않게 그려졌음에도 불구하고 국왕과 왕비임을 단번에 알아볼 수 있는, 정확한 붓질이 대단하다!

펠리페 4세

첫 왕비와 사별한 후, 사랑하는 여동생의 딸이자 사망한 아들의 약혼자였던 마리아나와 재혼했습니다. 그는 성격은 온화하고 예술 진흥에 힘썼습니다.

디에고 벨라스케스
〈스페인국왕 펠리페 4세〉
1656년경 유화 컨버스
64.1×53.7㎝
내셔널갤러리, 런던, 영국

마리아나 데 아우스트리아

오스트리아 합스부르크 가문의 왕비로, 약혼자였던 스페인 황태자가 갑작스럽게 사망한 후 그의 아버지이자 숙부인 펠리페 4세의 아내가 되었습니다.

디에고 벨라스케스
〈마리아나 데 아우스트리아의 초상화〉
1652–1653년경 유화 캔버스
234.2×132㎝
프라도미술관, 마드리드, 스페인

명화 중의 명화로 찬양받는 이유

〈시녀들〉에는 놀라운 기법들이 눈치채지 못할 정도로 정교하게 담겨 있습니다.

그중에서도 가장 뛰어난 것은 구도입니다. 이 그림은 보는 사람이 마치 벨라스케스가 그리고 있는 국왕 부부와 같은 위치에 서 있는 듯한 느낌을 주며, 좌우로 배치된 인물들을 따라 지그재그로 시선을 안쪽으로 자연스럽게 이끌어, 그림 속으로 빨려 들어가도록 계산되어 있습니다.

특히 놀라운 것은 공주를 중심으로 맞춰진 초점이 앞쪽이나 뒤쪽으로 갈수록 단계적으로 흐려지는데, 흐림에도 불구하고 인물들이 명확하게 식별된다는 점입니다. 이는 붓 터치가 매우 정확해야 가능한 일입니다.

공주 등의 의상을 보면 벨라스케스의 놀라운 붓 터치의 정확성이 그대로 드러납니다. 빨간색 부분이나 흰색 빛의 점들을 나열해 멀리서 보면 정교하고 세밀한 꽃장식처럼 보이는 기법은, 인상파의 필촉분할 기법을 200년이나 앞서 사용한 사례라고 할 수 있습니다.

적과 아군 모두를 속인 세계에서 가장 유명한 위작가 메이헤른

유튜브
동영상 해설

한 반 메이헤른 (1889~1947)

델프트 공과대학에서 건축을 전공하던 중 회화상을 수상하여 화가로 전향했지만, 그림이 팔리지 않아 궁핍한 생활을 했습니다. 그러나 위작으로 돈을 벌게 된 후, 별장과 자동차를 구입하며 전쟁 중에도 사치스러운 생활을 즐겼습니다.

배신자에서 영웅으로

1945년 5월 29일, 네덜란드에서 한 화가, 한 반 메이헤른이 체포되었습니다. 전쟁 중에 조국의 귀중한 미술품이면서 페이메이르의 작품으로 알려진 〈간음한 여인〉을 독일의 괴링 원수에게 판매한 배신자로, 독일과 협력한 죄로 재판에 넘겨졌습니다.

그러나 재판 중 메이헤른의 진술은 네덜란드 전체를 경악하게 만들었습니다. 〈간음한 여인〉이 자신이 그린 위작이라는 사실을 밝힌 것입니다. 유명 미술관에 소장된 페이메이르 작품들과의 유사점도 지적받았지만, 메이헤른은 그 작품들 또한 자신이 그린 위작이라고 고백했습니다. 이를 증명하기 위해 직접 위작을 그려 보였고, 그의 뛰어난 위작 실력이 다시 한 번 확인되었습니다. 게다가, 괴링이 〈간음한 여인〉을 물물교환으로 취득한 덕분에 많은 약탈된 미술품들이 조국으로 돌아왔다는 사실이 밝혀졌습니다. 이로 인해 메이헤른은 독일의 협력자에서 나치를 속인 조국의 영웅으로 찬양받게 되었습니다.

처음 봤을 때 페르메이르 같지 않다는 점이 오히려 중요한 포인트입니다. 당시 이 화풍은 '새로 발견된 종교화'로 주목받았다고 합니다. 이미 비슷한 위작인 〈엠마오의 식사〉(P112)가 미술관에 소장되어 있었던 덕분에 의심하는 사람은 없었습니다.

한 반 메이헤른 〈간음한 여인〉
1942년 유화 캔버스 100×90㎝
네덜란드정부

헤르만 괴링

히틀러의 후계자라고 불렸던 나치 독일의 국가 원수. 점령지에서 약탈하거나 터무니없이 낮은 가격에 미술품을 사들여 막대한 컬렉션을 구축했습니다.

메이헤른의 재판 장면. 메이헤른은 〈간음한 여인〉이 자신이 그린 위작이라고 자백했지만, 처음에는 아무도 그의 말을 믿지 않았습니다.

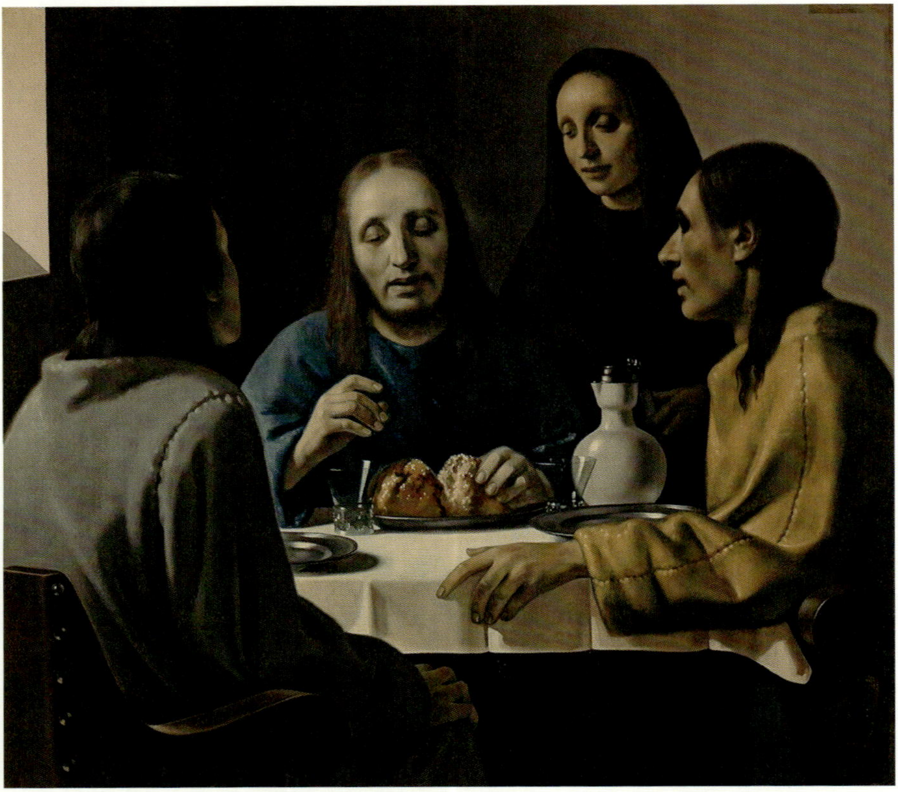

한 반 메이헤른 〈엠마오의 식사〉 1937년 유화 캔버스 118×130.5㎝ 보에이만스판뵈닝겐미술관, 로테르담, 네덜란드

페르메이르와 같은 17세기 그림 재료를 사용해 독자적인 기법으로 시간이 지나면서 생기는 균열까지 재현했습니다. 이 작품은 네덜란드 미술계의 최고 권위자 브레디우스(P114 참조)를 속여 명문 미술관에까지 구입하게 만든 메이헤른의 '대표작'입니다.

대단한 교수와 미술관도
모두 완벽하게 속여 버렸지!

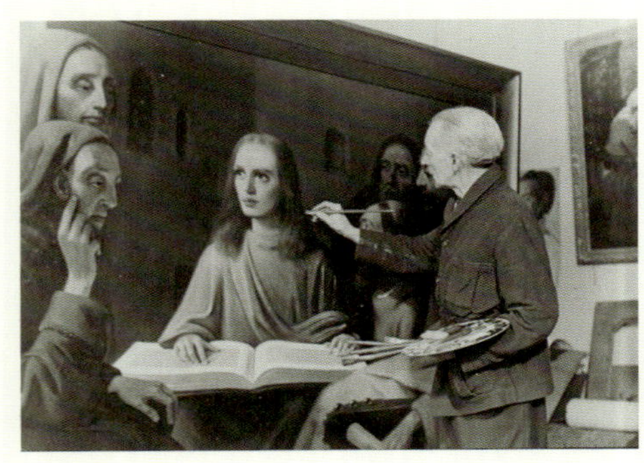

재판에서 '그릴 수 있는 것을 증명하라'는 요구에 메이헤른은 많은 사람들이 지켜보는 가운데, '페르메이르의 종교화' 느낌으로 작품을 직접 그려 보였습니다.

한 반 메이헤른 〈그리스도의 발을 닦는 여인〉
1935–1943년 유화 캔버스 122×102㎝
암스테르담국립미술관, 암스테르담, 네델란드

암스테르담 미술관조차 "페르메이르에게는 알려지지 않은 종교화가 있다."는 믿음에 따라, 메이헤른 위작 중에서도 완성도가 낮은 이러한 작품을 소장하게 되었습니다.

요하네스 페르메이르 〈마르다와 마리아의 집에 계신 그리스도〉
1645–1655년 유화 캔버스 160×142㎝
스코틀랜드국립미술관, 에딘버러, 영국

아브라함 브레디우스

유명한 렘브란트 연구가였으며, 당시 연구가 미흡했던 페르메이르의 권위자로도 평가받았던 인물입니다.

1927년 스코틀랜드국립미술관에 기증된 작자 미상의 이 작품을 페르메이르의 작품이라고 감정한 브레디우스가 "카라바조의 영향을 받은 유사한 종교화가 더도 있을 것이다."라는 주장한 논문을 읽고, 메이헤른은 이 아이디어를 떠올렸습니다.

미켈란젤로 메리시 다 카라바조 〈엠마오의 만찬〉
1601년 유화 캔버스 141×196.2㎝ 내셔널갤러리, 런던, 영국

요하네스 페르메이르 〈진주 귀걸이를 한 소녀〉
1665년경 유화 캔버스 44.5×39㎝
마우리츠하이스미술관, 헤이그, 네덜란드

요하네스 페르메이르 〈우유를 따르는 여인〉
1657-1658년경 유화 캔버스 45.5×41㎝
암스테르담 국립미술관, 암스테르담, 네덜란드

요하네스 페르메이르 〈천문학자〉
1668년경 유채 캔버스 51×45㎝
루브르미술관, 파리, 프랑스

세상과 권위에 대한 복수

메이헤른은 나치의 고위 관리뿐만 아니라 네덜란드의 미술관까지 속였습니다. 그가 위작의 길에 빠지게 된 계기는, 자신이 옛 그림을 복원해 만든 위작을 네덜란드 미술계의 권위자인 브레디우스에게 간파당한 데서 비롯된 불만 때문이었습니다.

그는 과학적 감정을 합격하기 위해서 17세기 그림 재료를 사용하고, 그림이 오래된 것처럼 보이도록 갈라짐 등의 기법도 개발했습니다. 페이메이르의 종교화를 '발견'한 브레디우스가 "카라바조의 영향을 받은 종교화가 더 있을 것"이라고 주장하는 것을 보고, 메이헤른은 정말로 그런 위작 〈엠마오의 식사〉를 완성했습니다.

사람은 자신이 믿고 싶은 것을 믿기 마련입니다. 브레디우스는 자신의 주장을 뒷받침할 수 있는 이 위작에 보란 듯이 달려들었고, 이를 계기로 다른 미술관들 역시 메이헤른의 종교화를 구입하기에 이르렀습니다.

이 작품의 복제품을 수상작이라 속여 팔려고 하는 등, 거짓말을 잘하는 것은 그의 특징이었습니다. 결국 부인의 꾸중에 정직하게 고백했지만, 그로 인해 그림 가격이 떨어지자, 작품의 가치를 작가의 이름만으로 평가하는 세상을 원망했습니다.

한 반 메이헤른 〈성 로렌스 성당〉
1913년 유화 캔버스

메이헤른이 복원한 옛 그림(위)을 미술관이 프란스 할스의 작품으로 구매했을 때, 알코올 테스트로 이 그림이 위작임을 간파한 사람이 바로 브레디우스였습니다.

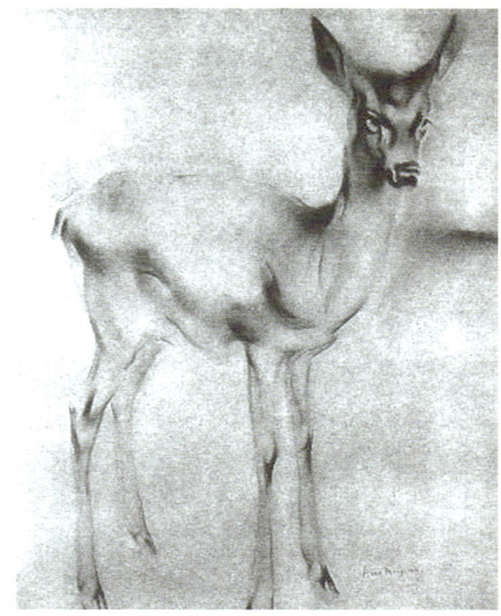

생계를 위해 가르치던 회화 교실에서 동물원에 갔을 때, 시범으로 그린 스케치가 우연히 율리아나 공주가 좋아하던 사슴이었고, 이 그림이 엽서에 실려서 큰 인기를 끌었습니다. 메이헤른의 작품 중 가장 유명한 작품이 되었습니다.

이 위작은 여러 작품의 요소를 한 장에 모은 흔한 형태의 작품입니다. 연습 삼아 그린 이 작품이 수집가에게 팔리고, 브레디우스까지 관심을 보였다는 이야기를 들은 메이헤른은 자신감을 얻어 〈엠마오의 식사〉 위작에 도전하게 되었습니다.

한 반 메이헤른 〈버지널 앞의 여인과 신사〉
1932년 유화 캔버스

유튜브
동영상 해설 •
∨

Jean Siméon Chardin

샤르댕

1699–1779

가오리를 매달아 자르는 것에
담긴 신앙심

가오리

생선에 정신이 팔려, 굴 껍질를 밟아 아프다고 야옹!

로코코인데도 가볍지 않다!

로코코 시기에는 상류 계급의 가벼운 놀이를 그리는 회화가 주를 이루었지만, 샤르댕은 서민의 소박한 일상을 그렸습니다. 프랑스에서 가오리를 버터에 구워 먹는 요리(뫼니에르)를 주제로 한 이 작품은 나라에서 주최한 젊은 화가전에서 좋은 평가를 받으며 그의 출세작이 되었습니다.

부엌의 식재료나 식기를 그리는 주방 정물화는 다양한 소재의 질감을 구별하여 그리는 실력을 발휘할 수 있는 인기 있는 주제입니다. 샤르댕의 질감 표현도 훌륭하지만, 이 작품이 높이 평가 받는 이유는 그뿐만이 아닙니다.

장 시메옹 샤르댕 (1699–1779)
초상화에서 드러나듯, 그는 소박하고 검소한 서민의 삶을 풍속화와 정물화로 잘 표현했습니다.

장 시메옹 샤르댕 〈선캡을 쓴 자화상〉
1775년 파스텔 종이 46×38cm
루브르미술관, 파리, 프랑스

돌로 된 벽과 나무 테이블, 테이블보 위에 놓인 도기와 금속 그릇, 가오리와 굴, 생선의 '끈적한 질감', 파뿌리의 무성한 느낌과 고양이털의 보들보들한 촉감까지, 이 작품은 주방 정물화에서 표현할 수 있는 다양한 질감을 절묘하게 담아냈습니다. 특히 가오리가 눈에 띄는데, 그 이유는 P124에서 확인해보세요!

요셉 하인즈 장 시메옹 샤르댕
〈가오리〉
1728년 유화 캔버스 114×146cm
루브르미술관, 파리, 프랑스

가사도우미를 고용하고 충분한 식재
료를 살 수 있는 유복한 가정이라 해
도, 퐁파두르 부인과 비교하면 소박
하고 검소한 서민의 삶처럼 보일 정
도로 큰 격차가 있는 사회였습니다.

장 시메옹 샤르댕 〈시장에서 돌아옴〉
1739년 유화 캔버스 47×38㎝
루브르미술관, 파리, 프랑스

프랑수아 부셰

샤르댕과 같은 시대에 활
동한 수석 궁정화가로, 가
벼운 느낌의 페트 갈랑트
(전원의 연회 그림)와 규방
화부터 중후한 역사화까지
폭넓은 주제를 그리며 로
코코 화단의 정점에 군림
했습니다.

서민 출신이었으나 루이 15세의 애인이 되어 후작 작위를
받은 퐁파두르 부인은 궁정의 최고 멋쟁이로서 로코코
문화를 선도하며 계몽사상가들을 지원하고 산업 육성에
도 기여했습니다.

프랑수아 부셰 〈퐁파두르 부인의 초상화〉
1756년 유화 캔버스 205×161㎝
알테피나코텍, 뮌헨, 독일

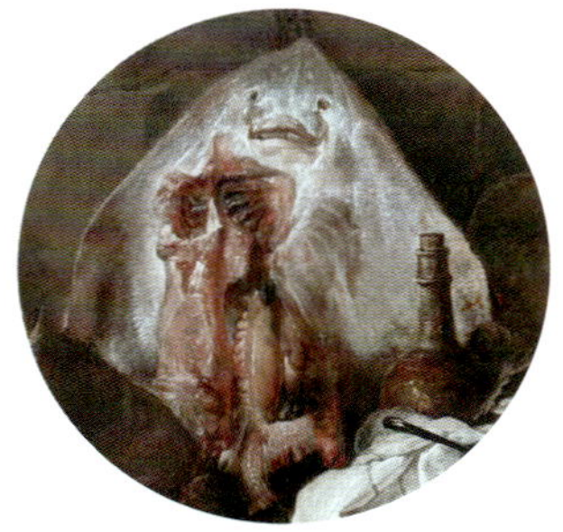

예수 그리스도는 스스로의 피로 인류의 죄를 속죄했다

사람이 먹기 위해 매달아 피를 흘리는 생물은, 인류의 죄를 속죄하기 위해 십자가에 못 박혀 피를 흘린 그리스도의 모습을 떠올리게 합니다. 성체는 그리스도의 몸을 나타내는 빵과 피를 나타내는 와인을 의미합니다. 〈가오리〉는 그야말로 "성체축일"에 어울리는 작품이었습니다.

스트라스부르의 화가 〈십자가형〉
1410–1415년 유채와 템페라 목판
운터린덴미술관, 콜마르, 프랑스

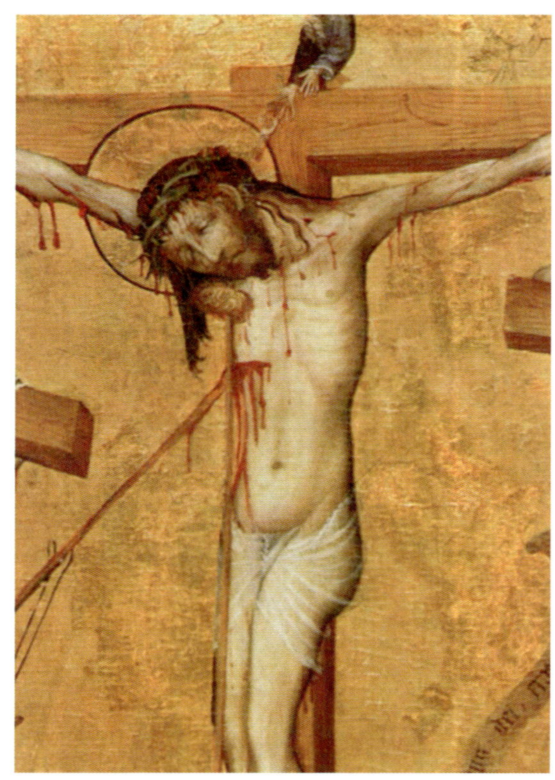

가오리는 그리스도의 수난을 암시

　예를 들어, 렘브란트의 〈도살된 소〉처럼 서양 회화에는 피가 묻은 식재료를 매달아 놓은 주방 정물화가 오래전부터 존재해 왔습니다. 이는 단순히 잔인한 장면이 아니라, 죄 없이 십자가에 매달려 피를 흘린 그리스도의 수난을 암시하는 것입니다. 〈가오리〉가 젊은 화가전에서 높게 평가된 것도, 이 전시회가 그리스도의 수난을 기리는 '성체축일'에 맞춰 개최된 것과 무관하지 않았을 것입니다.

　같은 시대의 향락적인 궁정 생활을 그린 부셰와는 대조적으로, 샤르댕은 신앙심 깊은 서민의 삶과 더 가까운 위치에 있었습니다. 놀라운 점은 국왕 루이 15세와 그의 애인 퐁파두르 부인도 부셰 못지않게 샤르댕의 작품을 좋아했다는 사실입니다. 로코코 시기 상류 계급에서는 가벼운 연애뿐만 아니라 자유주의 계몽사상도 유행이었기 때문입니다.

사람들을 먹여 살리기
위한 고귀한 희생

렘브란트는 소를 통해 그리스도를 암시했습니다. 주방 정물화에 피를 흘리며 매달린 동물을 그리는 것은, 종교적인 알레고리를 더해 그림의 품격을 높이려는 의도일지도 모릅니다.

렘브란트 반 레인 〈도살된 소〉
1655년 유화 캔버스 94×69㎝
루브르미술관, 파리, 프랑스

가끔 서민들의 삶을 보며
마음을 정화해야지!

착한 서민의 아이들은
부모 일을 돕고 식전 기도를
빠뜨리지 않지!

장 시메옹 샤르댕 〈부지런한 어머니〉
1740년 유화 캔버스 49×39㎝
루브르미술관, 파리, 프랑스

장 시메옹 샤르댕 〈뷔페〉 1728년 유화 캔버스 194×120㎝ 루브르미술관, 파리, 프랑스

〈가오리〉로 인정을 받아 왕립 미술아카데미 회원에게 선발된 시기의 기념작입니다. 이번에는 가오리 대신 과일 탑, 도자기 대신 유리그릇, 고양이 대신 강아지를 그려서 질감 표현의 다양성을 강조하고 있습니다.

                                                           Jean Siméon Chardin

장 시메옹 샤르댕 〈식전기도〉 1740년 유화 캔버스 49.5×38.5㎝ 루브르미술관, 파리, 프랑스

퐁파두르 부인의 후원으로 루이 15세를 알현했을 때 헌상한 작품으로, 국왕이 마음에 들어 한 두 작품입
니다. 〈식전기도〉는 러시아 여제 예카테리나 2세도 마음게 들어 해서, 샤르댕에게 복제를 요청했습니다. 그
작품은 현재 에르미타주 미술관(상트페테르부르크)에 소장되어 있습니다.

유튜브
동영상 해설

르브룅

'전원 놀이'도 부각해서 그리다

모슬린 드레스를 입은 마리 앙투아네트

왕비가 총애한 초상화가

　항상 화려한 의상을 입고 있는 마리 앙투아네트에게는 드물게 캐주얼한 차림입니다. 흰 모슬린 드레스는 속옷 같은 느낌이어서 '슈미즈 드레스'라고도 불립니다. 고대나 전원 마을의 분위기를 풍기기 때문에 '골(Gaul: 프랑스어로 켈트인이라는 의미) 드레스'라고도 불리며, 왕비가 '전원 놀이'를 즐길 때 입었다고 합니다.

　이 그림을 그린 사람은 만화 '베르사유의 장미'에도 등장하는 르브룅 부인, 즉 비제 르브룅입니다. 그녀는 동성만 가질 수 있는 섬세한 배려와 이해심으로 공적, 사적으로 왕비의 총애를 받은 화가입니다.

엘리자베트 루이즈 비제 르브룅 (1755–1842)

화가 루이 비제의 딸로 태어나, 19세에 화가로 독립했습니다. 21세에 루이 14세의 궁정화가였던 샤를 르브룅의 가계를 잇는 미술상과 결혼하여 비제 르브룅이 되었고, 이후 딸을 출산했습니다. 왕비 마리 앙투아네트의 총애를 받았으며, 프랑스 혁명 이후에도 여러 나라에서 상류층 여성들의 초상화를 그리며 큰 인기를 누렸습니다.

비제 르브룅 〈자화상〉
1790년 유화 캔버스 100×81㎝
우피치미술관, 피렌체, 이탈리아

샤를 르브룅

루이 14세의 총애를 받아 17세기 궁정화가로서 베르사유 궁전 건설에도 참여했습니다. 또한, 왕립 미술아카데미를 창설하여 초대 회장을 역임했으며, 프랑스 미술계에 있어서 르브룅 가문의 영향력은 후손에게까지 이어졌습니다.

니콜라 드 라르질리에르 〈샤를 르브룅의 초상화〉
1683–1686년 유화 캔버스 232×187㎝ 루브르미술관, 파리, 프랑스

우리 남편 초상이 얼마나 대단한 분인데!

왕립 미술아카데미 입회를 기념하여 그린 알레고리화입니다. 당시 초상화가는 격이 낮다는 이유로 입회 자격이 없었으나, 르브룅은 '역사적 알레고리화가'라는 명목으로 마침내 입회가 허락되었습니다.

엘리자베트 루이 비제 르브룅 〈평화가 풍요를 가져온다〉
1780년 유화 캔버스 102.5×132.5㎝ 루브르미술관, 파리

엘리자베트 루이 비제 르브룅 〈모슬린 드레스를 입은 마리 앙투아네트〉
1783년 유화 캔버스 90×72㎝ 궁전박물관, 다름슈타트, 독일

18세기 후반 프랑스 상류 계급에서는 영국에서 유입된 자연식 정원과 장 자크 루소의 자연회귀 사상의 영향으로 아웃도어 라이프와 전원 생활이 크게 유행했습니다. 흰 모슬린 슈미즈 드레스는 전원 스타일 코디네이션의 필수 아이템이 되었습니다. 모슬린은 면이나 양모의 평직으로 만든 얇은 직물의 총칭이지만, 왕비의 드레스는 실크였을 가능성도 있습니다.

프티 트리아농 ©Status

'전원 놀이'를 즐기기 위해, 왕비는 베르사유 궁전 내에 사적 공간인 프티 트리아농궁에 자연식 정원을 조성하고, '아모(hameau: 촌락)'라고 불리는 전원풍의 오두막을 지었습니다. 그녀는 리본으로 장식한 소를 키우며 직접 젖을 짜는 놀이를 즐겼다고 합니다. 물론, 이 과정에서 막대한 국가 예산이 사용되었고, 이는 프랑스 혁명의 간접적인 원인 중 하나로 알려져 있습니다.

르브룅이 오스트리아 합스부르크 가문, 즉 마리 앙트와네트의 친정으로 보내기 위해 그린 제대로 차려입은 초상화입니다. 친정어머니 마리아 테레지아는 자신의 딸이 모슬린 드레스를 입고 국가적인 낭비를 불러온 '전원 놀이'에 빠져 있을 것이라고는 꿈에도 상상하지 못했을 것입니다.

엘리자베트 루이 비제 르브룅
〈궁정복을 입은 마리 앙투아네트〉
1778년 유화 캔버스 273×193.5cm
미술사미술관, 빈, 오스트리아

Élisabeth-Louise Vigée Le Brun

커플룩으로 친분 과시!

'프티 캐비네(petit cabinets: 작은 내
각)'이라고 불리던 왕비의 측근 중 가
장 중요한 인물은 몰락한 귀족 출신
이지만 미모로 왕비를 사로잡아 절친
이 된 폴리냑 공작부인입니다. 르브룅
을 포함한 이 세 명은 비슷한 전원풍
의상을 입고 서로 친밀한 관계인 것
을 과시했습니다.

엘리자베트 루이 비제 르브룅
〈폴리냑부인의 초상〉
1782년 유화 캔버스 92.2×73.2㎝
베르사유궁전, 베르사유, 프랑스

엘리자베트 루이 비제 르브룅
〈밀짚모자를 쓴 자화상〉
1782년 유화 캔버스 97.8×70.5㎝
내셔널갤러리, 런던, 영국

엘리자베트 루이즈 비제 르 브룅

끊임없이 저항한 여성화가

　왕비의 추천으로 왕립 아카데미 회원에 선발되어 순조로운 경력을 쌓아가던 르브룅은 프랑스 혁명으로 인해 사정이 완전히 뒤바뀌었습니다. 왕비와 함께 처형될 것을 두려워한 그녀는 그림 공부를 핑계로 이탈리아로 떠났습니다. 이후 오스트리아와 러시아로 옮겨가며 상류층 부인의 초상화를 그리면서 12년간 도피생활을 이어갔습니다.

　르브룅은 단순히 여성을 부각시켜 그리는 데 그치지 않았습니다. 본래 역사화도 그릴 수 있는 실력을 갖추고 있었으며, 전통적으로 품위 없다고 여겨지던 치아를 드러내고 웃는 여성을 과감하게 그리는 도전 정신을 발휘했습니다. 국가 전람회에서 비판을 받아도 또다시 그리는 반항적인 정신도 가지고 있었습니다.

　여성이라는 이유로 경시당하며 초상화가에 머물렀지만, 끊임없이 저항한 르브룅은 "이제서야 비로소 나는 쉰다."는 묘비와 함께 86세의 나이로 생을 마감했습니다.

밀짚모자의 원조가 이거야?

르브룅은 벨기에를 여행하던 중 루벤스의 이 작품을 보고 큰 감명을 받았다고 합니다. 루벤스의 두 번째 부인의 언니가 쓰고 있는 모자는 정확히 밀짚모자는 아니지만, 그 모양과 착용 방식에서 영향을 받아 왕비 등의 초상화를 그렸을 가능성이 지적되고 있습니다.

페테르 파울 루벤스
〈수잔나 푸르망의 초상〉
1622–1625년 유화 목판 79×54.6㎝
내셔널갤러리, 런던, 영국

혁명 후에는 신화
코스프레가 대세잖아!

엘리자베트 루이 비제 르브룅 〈바커스의 여사제로 분한 엠마 해밀턴〉
1790년경 유화 캔버스 132.5×105.5㎝ 워커미술관, 리버풀, 영국

혁명 후, 나폴리로 도피한 르브룅이 그린 인물은 영국 공사의 부인이자 넬슨제
독의 애인이었던 마성의 여인 엠마 해밀턴입니다. 본래는 댄서였던 그녀가 신
화의 인물로 분장해 춤추는 모습을 보고, 르브룅은 '신화 분장 초상화'라는 새
로운 개념을 개척하게 되었습니다.

비제 르브룅의 도전

합스부르크 사람들 앞에서 치아를 보이며 웃는 것이
품위 없다고 여겨지던 시대에, 르브룅은 "그 모습이
귀엽다."며 과감하게 도전했습니다. 물론 왕비의 초상
화에서는 치아를 보이지 않았지만, 폴리냑 공작부인
의 초상화와 자화상에서는 자세히 보면 입이 약간 벌
어져 치아를 보이며 웃고 있습니다. 르브룅은 단순히
화려한 그림만 잘 그리는 것이 아니라, 새로운 표현
을 개척하는 화가이기도 했습니다.

영웅 나폴레옹을 그린 화가들의 다양한 인생

당대 권력자들이 사랑한 거장

　나폴레옹은 점령지에 장식할 목적으로 여러 화가들에게 많은 초상화를 그리게 했습니다. 그중 가장 유명한 작품은 이탈리아에서 오스트리아와 싸울 때 적의 허를 찌르며 알프스의 험한 산을 넘는 용감한 모습을 그린 작품일 것입니다.

　이 작품의 작가인 다비드는 프랑스 혁명 이전부터 왕실의 주문을 받았던 신고전주의 거장입니다. 혁명 후에는 급진파 자코뱅 상원이 되어 세계사 교과서에서 익숙한 〈마라의 죽음〉 등을 그렸으나, 로베스피에르의 실각으로 인해 연좌되어 투옥되었습니다.

　특별 사면을 받고 출소한 그를 발탁한 것이 나폴레옹이었습니다. 다비드는 사실을 무시하고 과장된 이 작품을 그렸고, 나폴레옹이 이를 마음에 들어 하여 황제의 수석화가로 임명되었습니다. 그러나 나폴레옹이 실각하면서 다비드는 다시 연좌되었고, 망명한 벨기에에서 생을 마감했습니다.

자크 루이 다비드 (1748–1825)
왕실, 혁명 정부, 나폴레옹 등 격동의 시대에 늘 권력자들의 신임을 받으며 400명 이상 제자를 양성한 프랑스 신고전주의의 거장입니다.

자크 루이 다비드 〈자화상〉
1794년 유화 캔버스 81×64㎝
루브르미술관, 파리, 프랑스

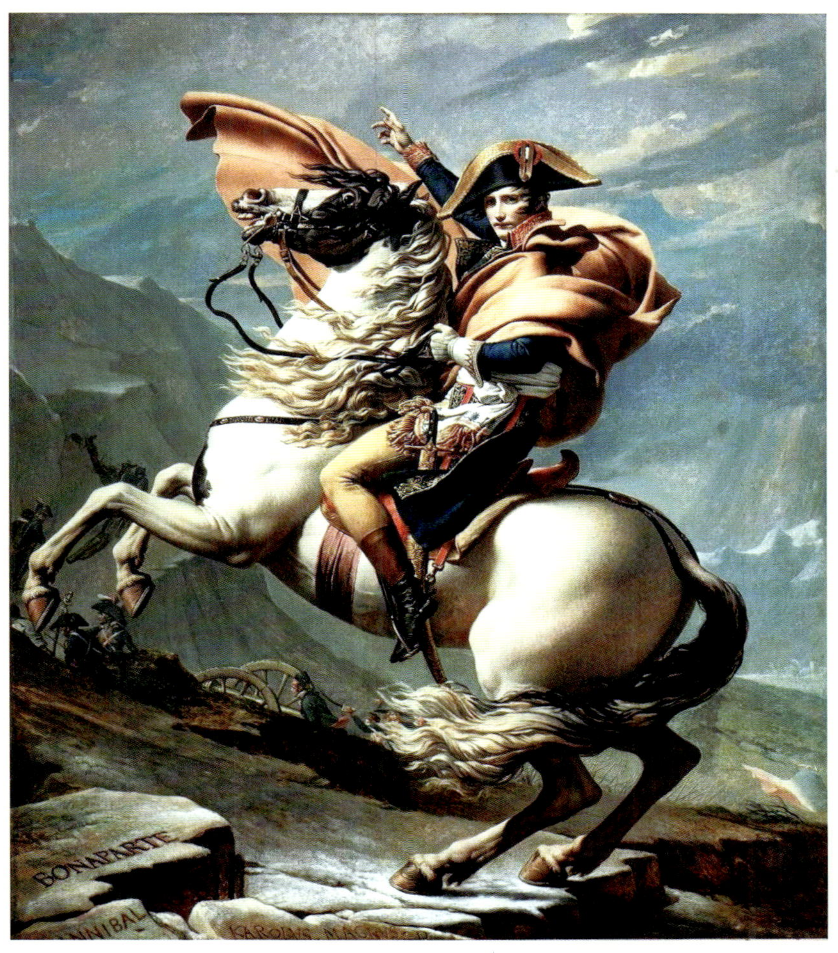

자크 루이 다비드 〈생 베르나르 고개를 넘는 보나파르트〉
1801년 유화 캔버스 259×221㎝
말메종성, 뤼에유말메종, 프랑스

생 베르나르 고개는 악천후 속에서는 말을 타고 넘기 힘든 험난한 곳입니다. 실제로 나폴레옹은 맑은 날에 노새를 타고 천천히 넘어갔다고 합니다. 그럼에도 불구하고, 이 과장된 이 작품을 나폴레옹이 마음에 들어 하자, 다비드는 말의 색이 다르게 하여 총 5장을 그렸습니다.

자크 루이 다비드 〈생 베르나르 고개를 넘는 보나파르트〉
1801년 유화 캔버스
샤를로텐부르크궁정, 베를린, 독일

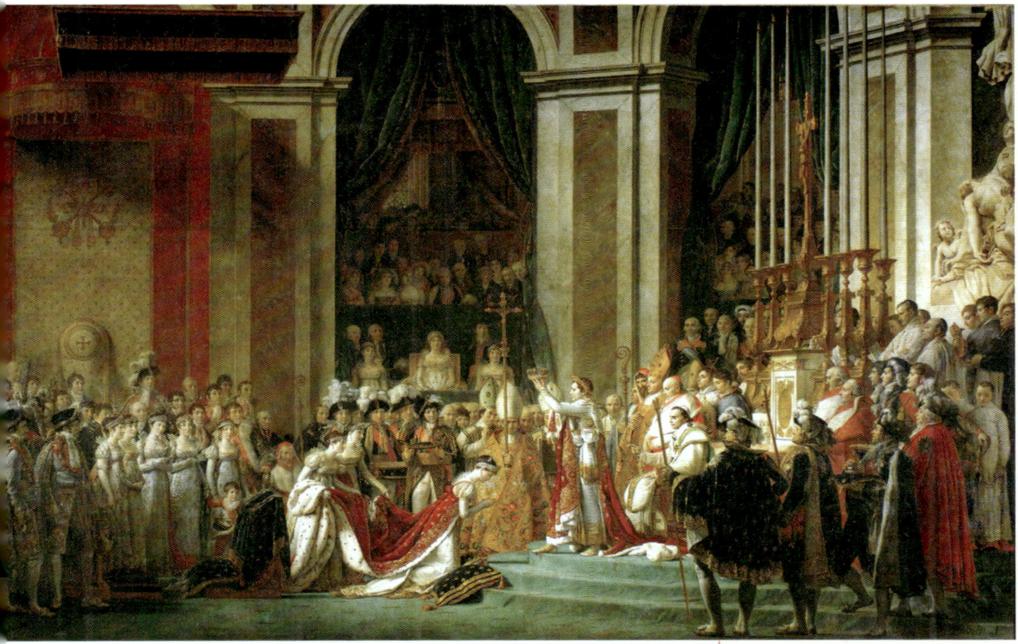

자크 루이 다비드 〈나폴레옹 1세와 조세핀 황후의 대관식〉
1805–1807년 유화 캔버스 621×979㎝
루브르미술관, 파리, 프랑스

내가 바로 황제의 수석 화가다

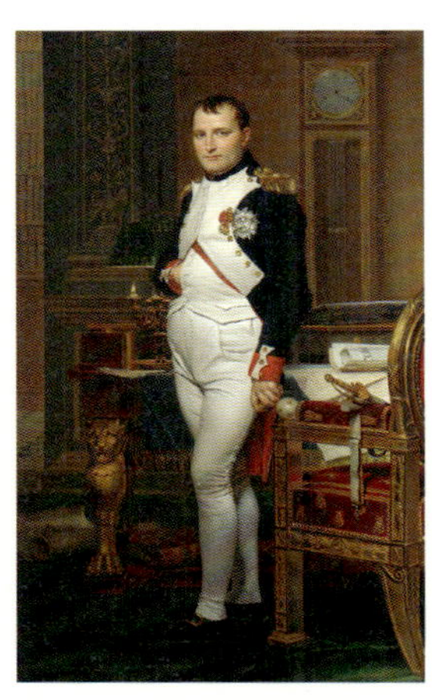

오른손을 조끼 안에 넣는 것은 서양 초상화에서 '흔들림 없는 지도자'를 상징하는 관용적 표현입니다. 위 통증 때문이라는 속설은 잘못된 이야기입니다.

자크 루이 다비드 〈서재의 나폴레옹〉
1812년 유화 캔버스 203.9×125.1㎝
워싱턴국립박물관, 워싱턴, 미국

양투안 장 그로
〈피라미드 전투 1798년 7월 21일〉
1810년 유화 캔버스
389×311㎝
베르사유궁전
베르사유, 프랑스

이 작품은 1798년 이집트 원정 당시 오스만 제국 군대를 물리치고 카이로를 제압한 장면을 상상으로 그린 것입니다. 원래 세밀화를 잘 그리던 화가라서 큰 화면의 구도를 제대로 정리하지 못해, 박력과 약동감이 부족합니다.

안드레아 아피아니 (1754–1817)

밀라노에서 의사의 아들로 태어나 본인도 의학을 공부했지만, 화가로 전향했습니다. 밀라노에 주둔한 나폴레옹에게 발탁되어 궁정화가로 출세했으나, 나폴레옹의 몰락과 함께 이탈리아 왕국이 붕괴하자 그도 뒤따르듯 생을 마감했습니다.

안드레아 아피아니 〈자화상〉
1790–1799년 유화 캔버스 19×15.5㎝ 브레라미술관, 밀라노, 이탈리아

나폴레옹 덕분에 출세한 화가들

　다비드의 제자 그로는 프랑스에서 크게 두각을 나타내지 못하다가, 활로를 찾아 북이탈리아로 가서 혁명정부군 사령관 나폴레옹과 그의 새 부인 조세핀과 만나 아코레 전투에 참전했습니다. 그로는 삼색기를 들고 선두에서 나아가는 나폴레옹의 용감한 모습을 그린 작품으로, 자신과 나폴레옹의 이름을 일약 유명하게 만들었습니다.

　이후 그로는 스승 다비드보다 먼저 나폴레옹의 전속 화가로 활약했으며, 다비드가 망명 후에는 그의 아틀리에와 제자들을 물려받았습니다. 그러나 지위에 비해 그림 실력이 부족하다는 고민 끝에, 그로는 결국 세느강에 몸을 던지고 말았습니다.

　한편, 북이탈리아에 주둔하던 나폴레옹은 이탈리아 왕국을 세워 국왕에 즉위하면서 아피아니를 궁정화가로 지명했습니다. 아피아니는 이탈리아 국왕으로서의 나폴레옹을 그린 귀중한 초상화로 미술사에 이름을 남겼습니다.

안드레아 아피아니 〈나폴레옹 1세〉
1805년 유화 캔버스 100×75㎝ 미술사미술관, 빈, 오스트리아

이탈리아 왕국의 왕관을 손에 넣은 나폴레옹을 그린 귀중한 작품입니다.
아피아니는 나폴레옹이 이탈리아에서 구입하는 미술품의 선정도 담당했습니다.

앙투안 장 그로 〈아코레 다리의 나폴레옹〉
1796년 유화 캔버스 73×59㎝
베르사유궁전, 베르사유, 프랑스

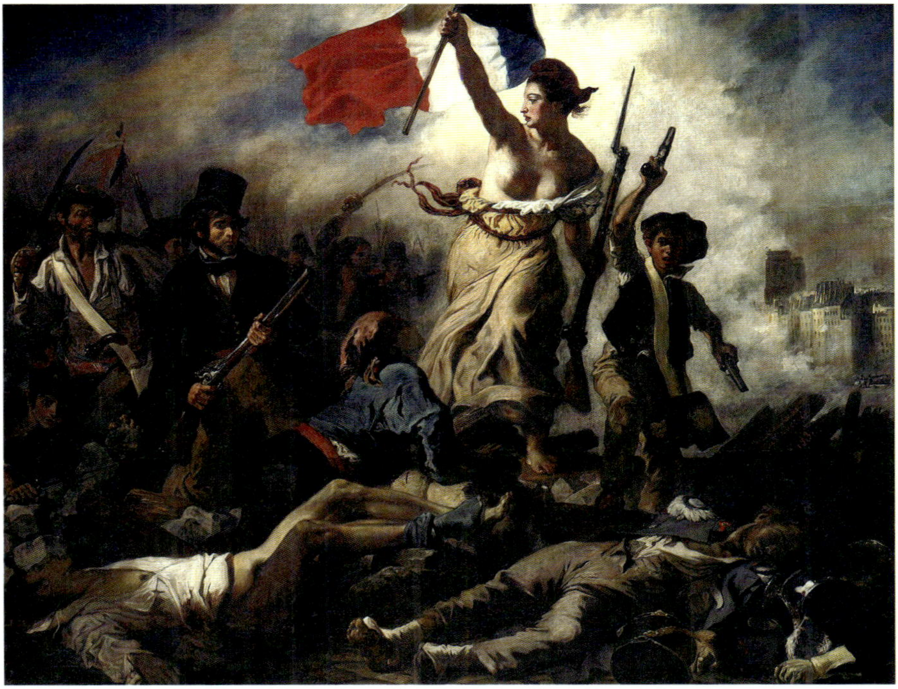

외젠 들라크루아 〈민중을 이끄는 자유의 여신〉 1830년 유화 캔버스 260×325㎝ 루브르미술관, 파리, 프랑스

실제 전투 상황에 대해서는 여러 설이 있지만, 현장에 있었던 그로가 그린 용감한 모습이 결정판이 되었습니다. 삼색기를 들고 사람들을 이끄는 영웅의 모습은 이후 들라크루아의 〈민중을 이끄는 자유의 여신〉에서도 계승되었습니다.

앙투안 장 그로 (1771–1835)

나폴레옹과의 만남으로 우연히 출세하게 되었고, 그의 몰락 후에는 망명한 다비드의 지위를 물려받았습니다. 왕정복고 시기에는 국왕의 총애를 받아 남작의 칭호까지 얻으겨 행운이 이어졌지만, 자신의 그림 실력에 대한 불만으로 고통스러워하다 결국 자살하고 말았습니다.

프랑수아 제라르 〈앙투안 장 그로의 초상〉
1791년 유화 캔버스 61×50㎝ 오귀스탱미술관, 툴루즈, 프랑스

◀ 프랑스 혁명정부군은 오스트리아의 지배를 받던 북이탈리아를 해방한다는 명목으로 주둔했습니다. 전략적 요충지인 아코레 마을을 탈환하기 위해 적군 포위 속에서 삼색기를 높이 들고 스스로 선두에 서서 돌격한(실제는 여러 설이 있음) 사령관 나폴레옹의 용감한 모습을 그로가 종군하며 그렸습니다.

화가도 황제도 사람이니까

나폴레옹 덕분에 출세한 화가도 있지만, 그렇지 못한 화가도 있습니다. 후에 프랑스 미술아카데미의 수장이 된 앵그르는 24세에 제1집정관 나폴레옹의 초상화가로 발탁되어 호평을 받았지만, 이탈리아 유학을 앞두고 그린 고별 선물인 황제상은 좋은 평가를 받지 못했습니다. 이 일로 상처받은 앵그르는 18년 동안 이탈리아에서 돌아오지 않았습니다.

그 사이에 나폴레옹은 결국 몰락하여 섬으로 유배되었고 그를 진솔하게 그리는 화가들도 등장했습니다. 들라로슈는 노새를 타고 알프스를 넘는 나폴레옹이나, 연합군에게 패배한 날의 낙담한 모습을 사실에 기반 한 상상력으로 리얼하게 재현했습니다.

한편, 나폴레옹의 몰락 후에도 여전히 그를 숭배하는 '보나파르티스트'였던 베르네는 상상력을 발휘하여 영웅의 임종 모습뿐 아니라 묘지에서 환생하는 나폴레옹까지 그렸습니다.

앵그르는 21세에 국비로 유학할 수 있는 로마대상을 수상했지만, 전쟁 중이라 군사비가 많이 들어 예산이 삭감되면서 5년이나 기다려야 했습니다. 그동안 제1집정관 나폴레옹이 새로운 점령지에 보낼 초상화를 그리는 5명의 화가 중 한 명으로 선발되어, 이 작품을 그렸고 매우 좋은 평가를 받았습니다.

도미니크 앵그르 〈나폴레옹 보나파르트, 제1집정관〉
1804년 유화 캔버스 226×144㎝
그랑쿠르티우스미술관, 리에주, 벨기에

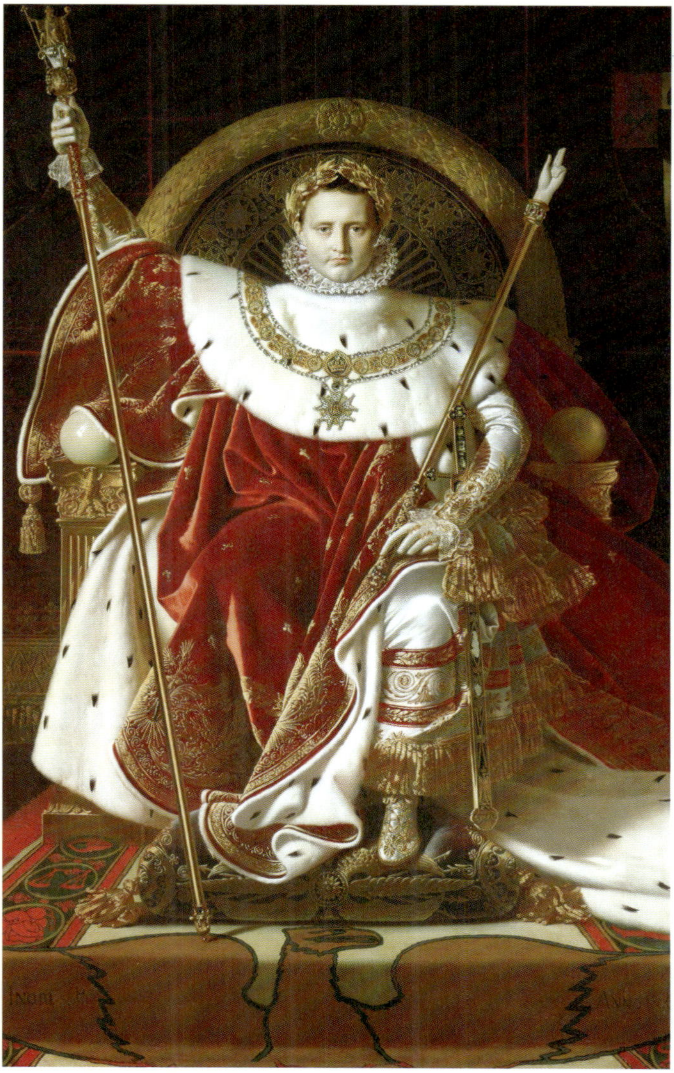

1806년 유학 허가를 받고 나폴레옹이 황제로 즉위한 모습을 그려 고별 선물로 바쳤지만, 이번에는 '구식'이라는 혹평을 받았습니다. 이로 인해 앵그르의 평판은 크게 떨어졌습니다.

도미니크 앵그르
〈왕좌에 앉은 나폴레옹〉
1806년 유화 캔버스
259×162㎝
군사박물관, 파리, 프랑스

도미니크 앵그르 (1780-1867)

다비드의 문하에서 우수한 제자로 알려졌으나, 황제 초상화에 대한 평판이 좋지 않아 이탈리아에서 모국으로 보낸 작품들도 호평을 받지 못했습니다. 그러나 18년 후 마침내 인정받아 귀국한 후에는 미술아카데미에서 중요한 위치를 차지하게 되었습니다.

도미니크 앵그르 〈자화상〉
1804년 유화 캔버스 77×63㎝ 콩데미술관, 샹티이, 프랑스

폴 들라로슈
〈자화상〉
1848년 이전
콩테, 크레용
목탄 종이
31×23.5㎝
에베르미술관
파리, 프랑스

폴 들라로슈 (1797–1856)

그로의 제자로, 그림 솜씨는 스승을 능가할 정도로 뛰어났습니다. 그는 드라마틱한 역사화를 매우 잘 그렸지만, 나폴레옹에 관해서는 역사적 사실에 기반해 현실적으로 묘사했습니다.

결국 연합군에게 패배해 파리가 함락되고, 퐁텐블로 궁전으로 도망친 날의 절망적인 모습을 생생하게 묘사했습니다. 젊은 시절의 용감한 모습은 사라지고, 듬성듬성 남은 머리카락과 불룩 나온 배에는 깊은 애수가 담겨 있습니다.

폴 들라로슈
〈퐁텐블로의 나폴레옹 1814년 3월 31일〉
1845년 유화 캔버스 180.5×137.5㎝
라이프치히미술관, 라이프치히, 독일

들라로슈의 〈서재에 있는 나폴레옹〉은 판화 등을 통해 일본에 전해졌습니다. 이 그림은 닌텐도의 화투 '대통령'의 패키지 디자인으로도 사용되었습니다.

폴 들라로슈 〈서재에 있는 나폴레옹〉
1838년 유화 캔버스 개인소장

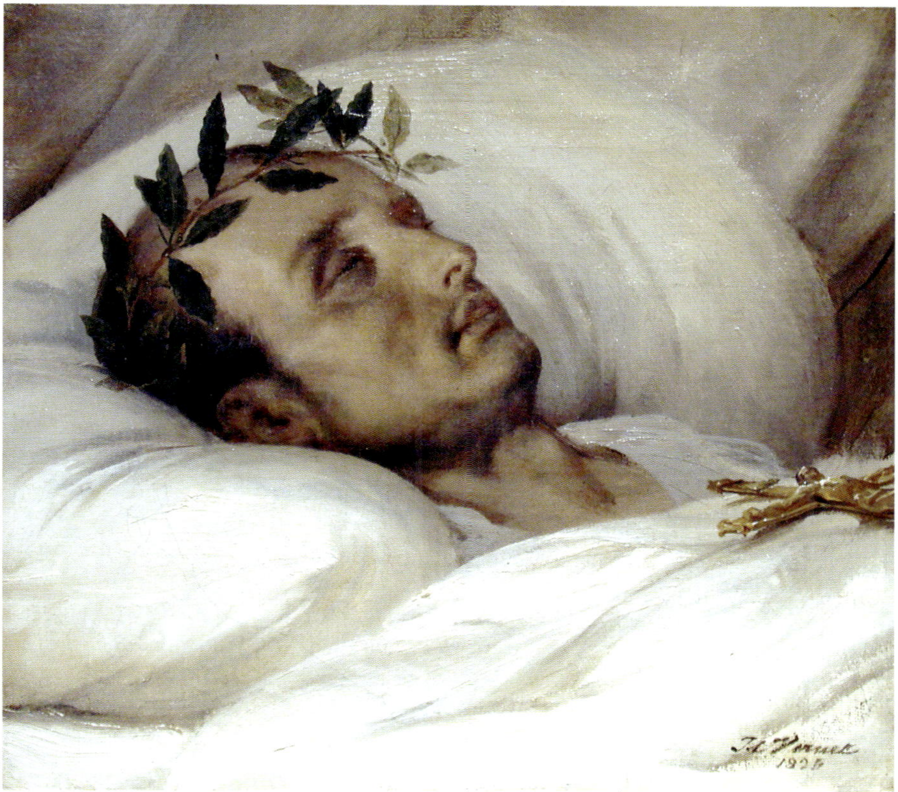

오라스 베르네 〈임종을 맞는 나폴레옹 1821년 5월 5일〉
1826년 유화 캔버스 레지옹 도뇌르 훈장 박물관, 파리, 프랑스

실패해도 마지막은 영웅답게

나폴레옹은 유배지인 세인트 헬레나 섬에서 1821년 5월 5일, 51세의 나이로 사망했습니다. 그의 숭배자였던 베르네는 실제로 보지도 못한 나폴레옹의 임종을 마음껏 상상하여 그렸습니다.

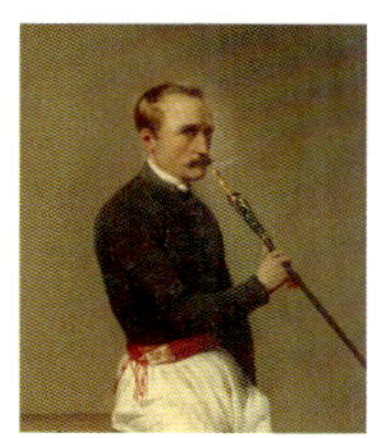

오라스 베르네 (1789~1863)

그는 할아버지 때부터 이어져 온 저명한 화가 집안에서 태어나, 21세에 국비로 이탈리아에 유학을 다녀왔습니다. '그림 그리는 군인'이라 불릴 정도로 전쟁화를 잘 그렸으며, 국립미술학교에서도 가르쳤습니다.

오라스 베르네 〈자화상〉
1835년 유화 캔버스 47×39㎝ 에르미타주미술관, 상트페테르부르크, 러시아

Francisco José de Goya

고야

1746–1828

수고한 공작과 다정한 도둑

웰링턴 공작

프란시스코 데 고야 〈마드리드, 1808년 5월 3일〉 1814년 유화 캔버스 268×347㎝ 프라도미술관, 마드리드, 스페인

궁정화가로서 로코코 스타일의 화려한 작품을 그리던 고야는 청력을 잃은 후, 그의 화풍이 낭만주의적으로 변했습니다. 그래서 그는 '마지막 고전주의 화가이자, 첫 번째 근대 화가'로 불립니다. 나폴레옹의 침략에 저항한 마드리드 시민들이 밤에 학살당하는 장면을 그린 이 작품은, 같은 시대의 사회적 사건을 다룬 저널리즘 회화의 선구자로 평가됩니다.

프란시스코 호세 데 고야 (1746-1828)

오랜 무명 시절을 거쳐 43세에 마침내 궁정화가가 되었지만 병으로 청력을 잃고 프랑스군의 침략으로 국왕이 폐위되면서 실직하게 되었습니다. 이후 나폴레옹이 몰락하고 국왕이 복위했으나, 이번에는 자유주의 성향으로 인해 탄압받아 프랑스로 망명한 뒤 객사했습니다.

빈센트 로페즈 포르타냐
〈프란시스코 데 고야의 초상〉
1826년 유화 캔버스 100×78㎝
프라도미술관, 마드리드, 스페인

월리엄 히스 〈살라망카 전투의 웰링턴〉 19세기 유화 캔버스

당시 동맹국인 포르투갈을 나폴레옹의 침략으로부터 지키기 위해, 영국은 웰링턴 백작이 이끄는 정예부대를 이베리아 반도에 파병했습니다. 이들은 프랑스군을 몰아내고 스페인에서 철수시키는 데 성공했습니다.

이베리아반도 곳곳을 누비며
미친 듯이 싸워왔다고!

프란시스코 호세 데 고야

프란시스코 데 고야 〈웰링턴 공작〉 1812–1814년 유화 캔버스 64.3×52.4㎝ 내셔널갤러리, 런던, 영국

웰링턴은 작위에 따른 영지명으로, 본명은 아서 웨즐리입니다. 이 작품이 그려졌을 당시 그는 아직 백작이었으나, 스페인에서의 전승 공로로 5개월 후에 후작, 2년 후에 공작으로 승진했습니다. 1815년 워털루 전투에서도 나폴레옹을 물리쳤습니다. 그런데 사실, 그 자신도 이 초상화를 썩 마음에 들어하지 않았다고 합니다.

영웅을 기리기엔...

1961년, 영국의 한 연금 생활 노인이 이 작품을 런던 내셔널 갤러리에서 훔쳤다가 4년 후에 반환한 사건은 '더 듀크'라는 영화로도 제작되었습니다.

이 초상화는 조국 스페인을 나폴레옹의 지배에서 해방시킨 영웅, 웰링턴 공작을 궁정화가 고야가 그린 것입니다. 하지만 어두운 표정 탓에, 고야가 공작을 좋게 보지 않아 의도적으로 '차갑고 깍쟁이 같은 영국인'으로 그렸다고 하는 설도 있습니다.

그러나 이 그림은 웰링턴 공작이 이베리아 반도에서의 3년에 걸친 긴 전투를 치르고, 살라망카 전투에서 승리한 직후의 모습을 그린 것입니다. 아무리 위대한 영웅이라도 피로를 감출 수 없었으며, 고야는 그저 그 모습을 있는 그대로 표현했을 것이라고 추측됩니다.

영국 국왕 소속 화가인 로렌스가 그린 웰링턴 공작의 모습. 건강할 때도 표정에 큰 변화가 없는, 본래 쿨한 성격의 사람이었을 것입니다.

토마스 로렌스
〈아서 웨즐리, 초대 웰링턴 공작〉
1815–1816년 유화 캔버스 91.5×71㎝
앱슬리하우스, 런던, 영국

옷을 벗은 마하, 옷을 입은 마하

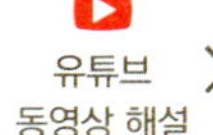

유튜브
동영상 해설

옷 아래에서 드러난 전신 누드

서양 회화 역사상 첫 실존 여성을 모델로 한 헤어 누드 작품이 바로 〈옷을 벗은 마하〉입니다. 당시 서양에서는 도저히 상상할 수 없었던 문제작이었습니다. 그래서 다시 그리게 된 것이 배경, 포즈, 크기가 거의 동일한 〈옷을 입은 마하〉입니다. 아마도 〈옷을 입은 마하〉 아래에 〈옷을 벗은 마하〉를 숨겨두고 같은 취향의 사람들끼리만 몰래 감상했을 가능성이 큽니다.

그렇다면, 이 작품의 모델이 누구인지가 신경 쓰일 수밖에 없습니다. '마하'는 이름이 아니라 스페인어로 '멋진 여성'을 의미하는 일반 명사입니다. 이 모델이 누구를 가리키는지에 대해서는 크게 두 가지 설이 있습니다.

궁금한 마하의 정체는?

첫 번째 마하 후보는 작가 고야의 애인이었던 제13대 알바 여공작 카예타나입니다. 그녀는 패션과 남성 관계 모두에서 왕비와 경쟁할 정도로 유명했으며, 고야는 신분 차이로 인해 오히려 농락당하는 상황이었습니다. 하지만 〈마하〉가 그려졌을 당시 그녀는 이미 30대 후반이었기에, 그녀가 모델이었다면 과장된 것이라고 생각됩니다.

두 번째 후보는 작품의 주문자 고도이의 애인 페피타입니다. 입주 가사도우미였던 그녀에게 고도이는 완전히 매료되었습니다. 신분 차이로 결혼이 허락되지 않았지만 포기하지 않고, 국왕에게 부탁하여 그녀를 여백작으로 작위를 수여받게 했으며, 정략 결혼한 부인이 병으로 세상을 떠난 후에 재혼했습니다. 만약 그 페피타가 〈마하〉의 모델이라면, 그녀는 작품 제작 당시 20세 전후였으므로 얼굴이 비슷하다는 점에서도 충분히 모델이 되었을 가능성이 있습니다.

Francisco José de Goya

프란시스코 데 고야 〈평화공 마누엘 데 고도이〉 1801년 유화 캔버스 180×267㎝
산페르난도 왕립미술아카데미, 마드리드, 스페인

〈옷을 벗은 마하〉의 주문자로 알려진 마누엘 데 고도이는 군인 출신으로, 국왕 카를로스 4세 부부의 총애를 받았습니다(특히, 왕비와는 애인 관계였다는 소문도 있음). 이 덕분에 수상의 자리에 오를 수 있었습니다. 그는 프랑스 혁명군과 바젤 조약을 맺어 '평화대공'이라는 칭호를 얻었지만, 친프랑스 정책이 문제가 되어 나폴레옹의 침공을 허용하게 되어 실각했습니다.

프란시스코 데 고야 〈옷을 벗은 마하〉 1795-1800년경 유화 캔버스 97.3×190.6㎝ 프라도미술관, 마드리드, 스페인

성서나 신화 속 인물이라는 증거가 되는 '소품'이 없으면, 실존하는 여성의 나체로 간주되어 대중에게 공개할 수 없었던 시절입니다. 게다가 교회가 권력을 쥐고 있던 스페인에서 실오라기 하나 걸치지 않은 헤어 누드를 그리다니, 그 파격적인 시도는 한계를 넘은 것이었습니다.

Francisco José de Goya

프란시스코 호세 데 고야

프란시스코 데 고야 〈옷을 입은 마하〉 1800-1807년경 유화 캔버스 94.7×188㎝ 프라도미술관, 마드리드, 스페인

단순히 감추기 위한 목적이었다면 더 큰 그림으로 충분했을 것입니다. 굳이 같은 크기에 같은 얼굴과 포즈로 그린 것은 "이 여성이 이제 옷을 벗습니다."라는 느낌을 강조하기 위함이었습니다. 마치 해외여행 기념품으로 받는, 볼펜 안에서 여성이 옷을 벗는 야한 볼펜과 비슷한 개념입니다.

     Francisco José de Goya

단순히 감추기 위한 덮개가 아니라고요

프란시스코 데 고야 〈흰 옷을 입은 알바 여공작〉 1795년 유화 캔버스 192×128㎝ 리리아궁전, 마드리드, 스페인

알바 공작위는 왕가를 제외하고는 유럽에서 가장 높은 지위를 가진 가문으로, 왕비와 맞설 만한 자격을 갖추고 있었습니다. 고도이를 두고 서로 차지하려 했다는 이야기도 있습니다. 제18대 알바 공작도 같은 이름을 가진 여성 공작 카예타나였으며, 2011년에는 85세의 나이에 자신보다 24세 어린 공무원과 세 번째 결혼을 하여 큰 화제를 모았습니다.

     Francisco José de Goya

프란시스코 데 고야
〈검은 옷을 입은 알바 여공작〉
1797년 유화 캔버스 210×149㎝
뉴욕히스패닉협회소장, 뉴욕, 미국

제13대 알바 여공작 카예타나. 많은 유명인과 염문을 일으켜, 신분이 다른 애인 고야는 늘 불안한 마음을 안고 있었습니다. 이 작품에서 여공작이 손가락으로 가리키는 있는 지면에 'solo Goya(고야뿐)'이라고 적힌 것은 그의 내면의 외침이었을지도 모릅니다. 하지만 〈마하〉의 모델로 보기에는 얼굴도 다르고 나이도 맞지 않습니다.

호세 데 마드라소 〈카스티료피엘 백작부인(페피타)의 초상〉

얼굴, 나이, 모습 모두 '마하'와 비슷한 인물은 페피타라는 애칭
으로 알려진 호세파 데 투도입니다. 그녀는 16세에 고도이 가문
에 들어가서 18세에 애인이 되었습니다. 고도이의 정략결혼 후
에도 두 사람의 관계는 계속되어 두 명의 아들을 낳았으며, 전
부인이 사망 후 49세에 마침내 입적하게 됩니다. 이후 고도이
와 함께 프랑스로 망명하였고, 90세까지 장수했습니다.

마하 같지 않나요?

Francisco José de Goya

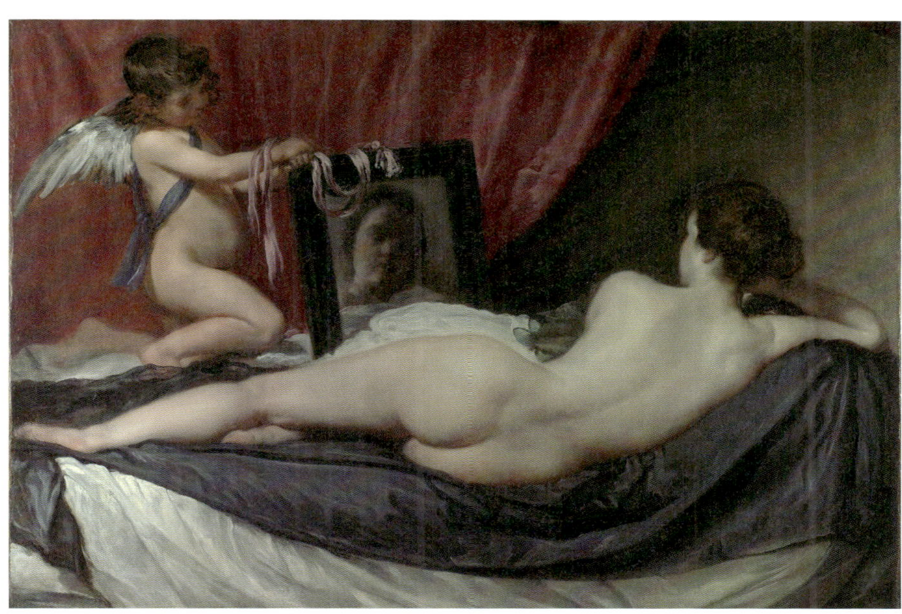

디에고 벨라스케스 〈거울을 보는 비너스〉 1647–1651년경 유화 캔버스 122×177㎝ 내셔널갤러리, 런던, 영국

두 장의 〈마하〉와 함께 고도이의 저택에 걸려 있었던 벨라스케스의 〈거울을 보는 비너스〉. 고야는 이단 심문회에서 〈마하〉가 이 위대한 선배의 명작을 모방한 작품이라고 주장하여 무죄를 받았다고 전해집니다.

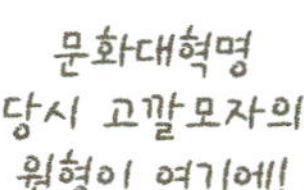

프란시스코 데 고야 〈이단심문소〉 1812–1819년 유화 목판 46×73㎝ 산페르난도 왕립미술아카데미, 마드리드, 스페인

〈옷을 벗은 마하〉는 고도이의 망명으로 존재가 알려진 시점에 이단 심문회에 의해 압수되었습니다. 프랑스 지배 기간 동안 미술 아카데미로 이관되었지만, 국왕 복귀 후 다시 압수당했습니다. 1834년에 이단 심문회가 폐지된 후, 드디어 공개되었습니다. 고야 자신은 이산 심문에서 간신히 무죄를 받았지만, 고깔모자를 쓰고 규탄 받는 공포를 작품으로 표현했습니다.

그림으로 풀어보는 마녀의 진실

유튜브 동영상 해설 >

> ## 마녀의 어원
> 라틴어 : malefica (나쁜 짓을 하는 여자)
> 영어 : witch (속이는 사람)
> 프랑스어 : sorciére (점을 보거나 예언을 하는 여자)
> 독일어 : Hexe (울타리를 뛰어넘는 사람)
> 스페인어 : bruja (매혹적인 여자)

빗자루의 방향이 요즘 마녀들과 반대인 이유는, 올바른 것을 거꾸로 하는 사악함의 풍자한 것입니다. 악마의 상징인 산양 역시 반대 방향으로 타고 있습니다. 나체로 있는 것은 성적 유혹을 상징하는 동시에, 일반적인 여성이 아닌 마녀라는 것을 풍자적으로 표현한 것입니다.

알브레히트 뒤러 〈염소를 타고 가는 마녀〉
1500년경 판화 11.4×7㎝

오해투성이의 마녀 이미지

마녀라고 하면 흔히 매부리코 노파의 이미지가 떠오르지만, 이는 20세기 이후 애니메이션 등을 통해 보급된 것입니다. 서양 회화에 그려진 마녀들은 젊고 매력적인 여성이 많습니다.

또한, 흔히 사용되는 '중세의 마녀재판'이라는 표현도 실제와 다릅니다. 기록에 남은 마녀재판 대부분은 중세 교회의 이단 심문소에서 열린 것이 아니라, 근세의 사법 재판소에서 진행되었습니다. 마녀재판과 항상 연관되는 고문도 자백이라는 증거 없이는 유죄를 선고할 수 없었기 때문에 강행되었던 것입니다.

이처럼 마녀에 대한 오해는 많지만, 서양 회화에서 마녀가 주제로 처음 유행하기 시작한 것은 마녀재판이 늘어나기 시작한 16세기 초 남독일에서였습니다. 그 유행의 계기가 된 것은 한 권의 책 출판이었다고 합니다.

17~18세기의 거장 중에서도 이례적으로 마녀를 그린 작품이 많은 화가가 고야입니다. 마녀들의 집회를 '사바스'라고 부른 것은 유대교의 안식일에서 유래한 것으로, 그 속에는 차별적인 의식이 반영되어 있다고 합니다.

프란시스코 데 고야 〈마녀들의 안식일〉
1798년 유화 캔버스 43×30cm
라사로갈디아노미술관, 마드리드, 스페인

한스 발둥 그린 〈두 명의 마녀〉
1523년 판화 65.4×46㎝ 슈테델미술관, 프랑크푸르트, 독일

'그린(초록)'이라는 별명을 가진 발둥은 뒤러의 제자입니다. 자세히 보면, 오른쪽의 마녀는 염소를 타고 있고, 작은 악마가 들어 있는 병을 들고 있습니다.

괴테의 '파우스트'에도 나오는 것처럼, 독일에서는 매년 4월 30일 성 발푸르기스의 밤에 유럽 전역의 마녀들이 안개 자욱한 브로켄산에 모인다고 믿어졌습니다. 이 그림은 1668년에 발행된 책의 삽화입니다.

알트도르퍼는 남독일 레겐스부르크에서 활동한 도나우파의 화가입니다. 당시 마녀들은 신비로운 약을 만들고 주술 의식을 할 때 옷을 벗고 행한다고 믿어졌습니다.

알브레히트 알트도르퍼 〈안식일의 여행〉
1506년 루브르미술관, 파리, 프랑스

마녀가 유행했던 두 시대

　16세기 초 남독일에서 마녀재판과 마녀를 주제로 한 회화가 늘어나게 된 계기기 된 책은 1486년에 같은 지역에서 출판된 「마녀를 심판하는 망치」입니다. 마녀의 해악과 그들을 구별하는 방법을 쓴 일종의 '아무 말 대잔치 책'이었지만, 활판 인쇄의 보급으로 대량 인쇄되어 널리 읽혔습니다. 그 후 종교개혁이 일어나면서 신·구교 모두 자신들의 정체성을 주장할 재료로 마녀를 이용하게 되었습니다. 증거 없이 누구나 마녀로 몰릴 수 있었던 근세의 마녀재판은 종교전쟁이나 기아로 고통받던 시민들의 불만을 해소하는 수단이 되기도 했습니다.

　다시 회화 이야기로 돌아가면, 마녀를 주제로 한 그림이 다시 유행한 시기는 19세기 말이었습니다. 남성을 유혹해 파멸로 이끄는 '마성의 여자' 붐을 타고 유럽 전역에서 마녀가 그려졌지만, 특히 마녀와 요정의 전설이 많이 남아있는 영국에서 큰 인기를 끌었습니다.

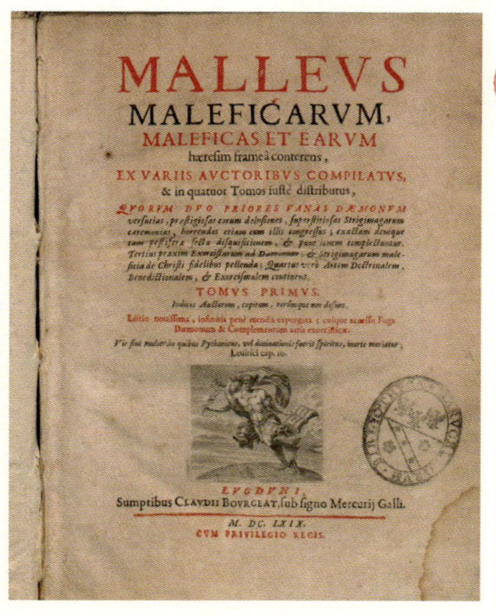

하인리히 크라머 「마녀를 심판하는 망치」

도미니코 수도사 크라머가 지나친 여성 멸시로 인해 이단 심문회에서 비난받은 것에 대한 원한으로 집필한 책입니다. 개인적인 편견이 가득한 '아무 말 대잔치 책'이었지만, 마녀재판을 불만 해소의 수단으로 여긴 사람들 사이에서 큰 인기를 끌며 스테디셀러가 되었습니다.

마틴 루터

어릴 때 어머니가 근방에서 마녀로 소문난 여성에게 속았던 경험 때문에 그는 "마녀는 화형해야 한다."고 강하게 주장했습니다. 종교개혁을 이끈 루터 같은 지식인들조차도 마녀에 대한 미신을 진심으로 믿고 의심하지 않던 시대였습니다.

루카스 크라나흐 〈마르틴 루터의 초상〉
1529년 유화 목판 36.5×23㎝ 우피치미술관, 피렌체, 이탈리아

루카스 크라나흐(아버지)

루터의 종교개혁을 회화로 지지했던 크라나흐는 비텐베르크의 시장을 역임하며, 마녀재판에서 유죄를 선고받은 모자의 화형을 승인하는 공적 업무를 통해 루터를 지원하기도 했습니다.

루카스 크라나흐 〈자화상〉
1550년 유화 목판 64×49㎝ 우피치미술관, 피렌체, 이탈리아

집행 명령

마녀 재판은 남녀 모두

마녀재판이라고 불리지만, 사실 남성들도 상당수 재판을 받았습니다. 1540년 비텐베르크시에서 집행된 한 마녀 가족의 화형을 전하는 호외 삽화를 그린 이는 크라나흐의 아들이었습니다.

루이스 리카르도 팔레로 〈안식일의 마녀들〉 1878년 유화 캔버스 145.5×118.2㎝ 개인소장

런던에서 활약한 팔레로는 스페인 출신의 공작으로 천문학에도 정통한 인물이었습니다. 그는 마녀를 전라로 거꾸로 된 빗자루를 타는 전통적인 방식 그대로 묘사했습니다.

마녀를 19세기 말의 '마성의 여자'로 묘사하는 것은 워터하우스(P254)를 비롯한 라파엘 전파 영국 화가들의 특기였습니다.

존 윌리엄 워터하우스 〈마법의 원〉
1886년 유화 캔버스 182.9×127㎝
테이트브리튼, 런던, 영국

존 윌리엄 워터하우스 〈마녀〉 1911-1915년경 유화 캔버스 76×110.5㎝ 개인소장

유튜브
동영상 해설

Johann Heinrich Füssli

퓌슬리

1741–1825

감춰진 이면의 어둠은 더욱 깊다

악몽

스위스에서 추방된 문인 화가

성직자였던 퓌슬리는 유력자들을 비판하다가 고향 스위스에서 쫓겨난 후, 영국에서 화가로 활동했습니다. 그의 작품은 풍부한 교양에 기반한 주제와 독학으로 익힌 독특한 화풍으로 유명합니다.

특히 큰 화제를 모은 작품이 잠든 여성을 덮친 악마를 그린 〈악몽〉입니다. 이 작품은 본인은 물론 다른 화가들까지 복제 요청을 받을 정도로 인기가 있었고, 패러디 그림까지 등장할 만큼 유명해졌습니다. 그러나 이 작품의 이면에 퓌슬리의 슬프고 왜곡된 실연 경험이 숨겨져 있다는 사실을 아는 사람은 거의 없습니다.

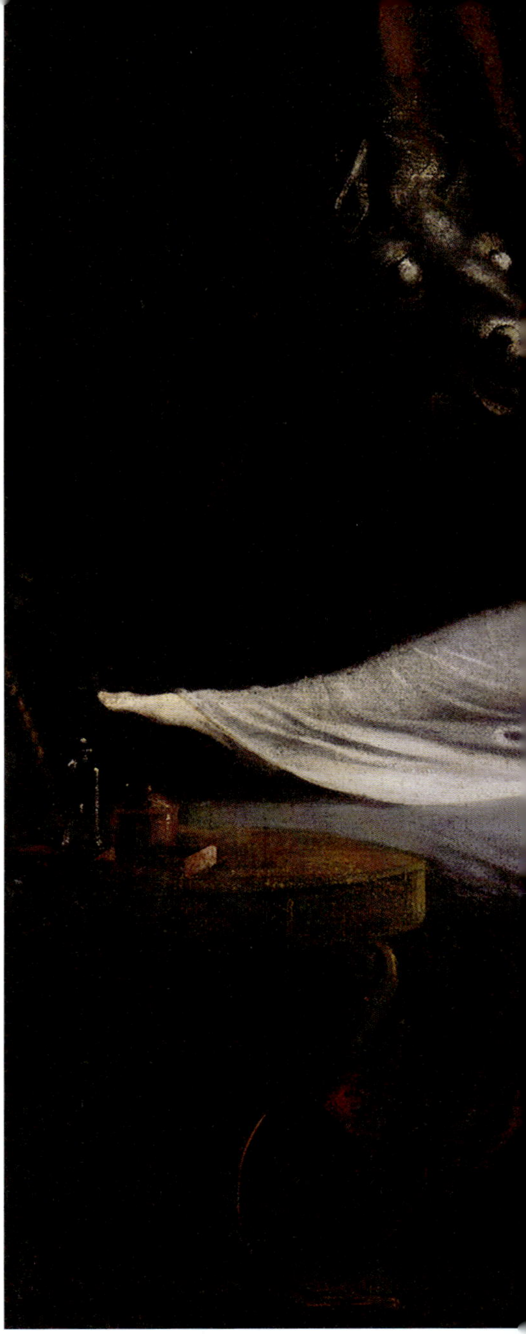

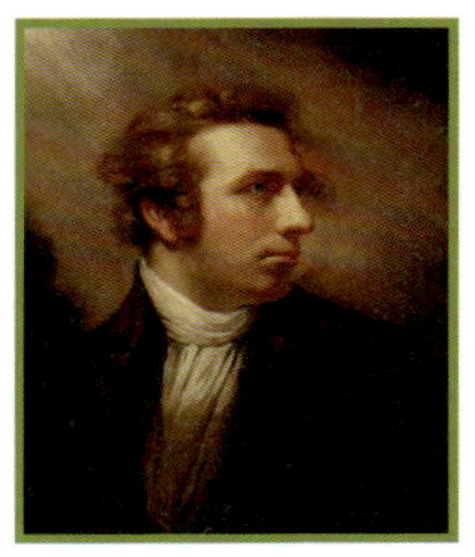

요한 하인리히 퓌슬리 (1741–1825)

사상 문제로 스위스에서 쫓겨난 퓌슬리는 영국에 도착한 후, 레이놀즈에게 그림 재능을 인정받아 이탈리아로 유학을 떠났습니다. 귀국 후에는 영국 왕립 미술 아카데미 회원이 되어 영어 이름인 존 헨리 퓨즐리로 활동했습니다.

제임스 노스코트 〈퓌슬리의 초상〉
1831년 이전 유화 캔버스 77.8×64.5cm
내셔널포트레이트갤러리, 런던, 영국

깜박 잠들었더니
큰일이 벌어졌어!

요한 하인리히 퓌슬리 〈악몽〉 1781년 유화 캔버스 101.6×127㎝ 디트로이트미술관, 디트로이트, 미국

꿈속에서 여성을 덮치는 악마는 인큐버스라고 불리는 고대의 미신에서 유래한 존재입니다. 그림에 말이 등장하는 이유는 영어로 '악몽'을 의미하는 'nightmare'의 'mare'가 암컷 말을 뜻하는 어원을 가지고 있기 때문입니다.

요한 하인리히 퓌슬리 〈요한 야코프 보드머와 대화하는 요한 하인리히 퓌슬리〉 1781년
유화 캔버스 163×150㎝ 취리히 미술관, 취리히, 스위스

스위스의 신학교에서 사사했던 고명한 고전학자와 대화를 나누는 퓌슬리. 두 사람이
화제로 삼고 있는 고대 그리스의 시인 호메로스가 어둠 속에서 떠오르는 묘사에는,
초현실주의를 앞서가는 듯한 불가사의함이 느껴집니다.

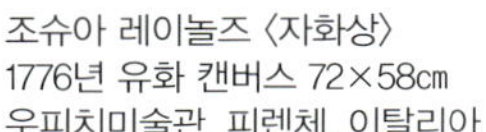

조슈아 레이놀즈 〈자화상〉
1776년 유화 캔버스 72×58㎝
우피치미술관, 피렌체, 이탈리아

조슈아 레이놀즈

1768년에 창설된 영국 왕립 미
술 아카데미의 초대 회장은 레
이놀즈였습니다. 그는 퓌슬리
의 스케치를 보고 재능을 알아
봐, 이탈리아로 유학을 권하는
등 그의 생애에 중요한 영향을
미친 은인이었습니다.

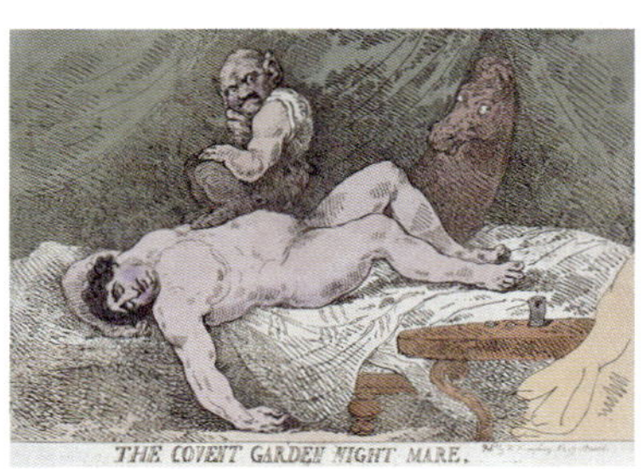

당시 외무부 장관 폭스 경의 스캔들을 풍자
한 만화입니다. 〈악몽〉이 미술 애호가들뿐
만 아니라 대중에게도 널리 알려져 있었기
때문에 가능한 패러디라고 할 수 있습니다.

Johann Heinrich Füssli

요한 하인리히 퓌슬리 〈티타니아와 보텀〉 1790년 유화 캔버스 217.2×275.6㎝ 테이트 갤러리, 런던, 영국

셰익스피어의 〈한여름 밤의 꿈〉에 등장하는 요정의 여왕 티타니아와 머리가 당나귀로 변해버린 직공 보텀.
19세기 영국에서 크게 유행한 '요정 회화(Fairy Painting)'의 선구적인 작품입니다.

꿈속에서는 자유롭게 만날 수 있다

사실 〈악몽〉의 뒷면에는 퓌슬리 친구의 조카 안나로 추정되는 여성의 초상화가 숨겨져 있습니다. 퓌슬리는 이탈리아 여행을 마치고 고향 스위스로 돌아와 안나를 만나자마자 한눈에 반했습니다. 친구의 이해를 얻기 위해, 꿈속에서 그녀와 얼마나 뜨겁게 사랑했는지를 편지로 적어 보냈지만, 오히려 역효과를 불러왔습니다. 38세 성인이 쓸 내용이 아니라며 기피당했고, 결국 그녀와의 만남이 금지되었습니다.

실의에 빠진 퓌슬리는 영국으로 돌아와 〈악몽〉를 그렸습니다. 잠든 여성이 안나이며, 꿈속에서 그녀를 덮치는 악마는 퓌슬리 자신의 분신이었을지도 모릅니다.

그렇게 마음 아픈 경험을 했던 퓌슬리도 47세에 드디어 18세의 여성과 결혼하게 됩니다. 이후 왕립 미술아카데미 교수로서 컨스터블 같은 후진을 양성하며 84세에 생을 마감했습니다.

천둥의 신 토르가 독사 요르문간드를 물리치는 북유럽 신화의 한 장면을 그린 낭만주의적 작품으로, 퓌슬리는 왕립 미술아카데미의 정회원으로 추천받았습니다.

요한 하인리히 퓌슬리
〈요르문간드와 토르의 싸움〉
1788년 유화 캔버스 131×91㎝
왕립아카데미, 런던, 영국

어머, 저기서 가위눌리고
있는 게 나라고?
말도 안 돼, 적당히 좀 해!

〈악몽〉의 캔버스 뒷면에 그려진 안나로 추정되는 여성의 초상화. 만약 그녀가 이 사실을 알았다면 무서워서 잠들지 못했을 것입니다. 퓌슬리가 그녀의 곁을 떠난 후, 안나는 곧 결혼했습니다.

Johann Heinrich Füssli

요한 하인리히 퓌슬리 〈귀도 카발칸티의 유령과 만나는 테오도르〉
1783년 유화 캔버스 276×317㎝ 일본 국립서양미술관, 도쿄, 일본

남자를 차버린 냉정한 여자는
지옥에서 복수당할 거예요~

영국의 시인 드라이든이 「데카메론」을 번안한 작품의 한 장면으로, 실연 끝에 자살한 남자가 자신을 거절
한 여성에게 지옥에서 복수하는 장면을 그린 퓌슬리의 작품입니다. 그의 원한을 느낄 수 있는 작품이기도
합니다.

유튜브
동영상 해설

Caspar David Friedrich

프리드리히

1774-1840

희망의 상징이 된 폐허

떡갈나무 숲의 수도원

카스파르 다비트 프리드리히 〈안개 바다 위의 방랑자〉
1818년 유화 캔버스 98.4×74.8㎝ 함부르크미술관, 함부르크, 독일

뒷모습의 여행자가 입고 있는 로덴 코트는 나폴레옹 전쟁 이후 애국심이 고조되며 유행한 독일 민족의상
입니다. 황량한 바위산 위에 짙게 깔린 운해 너머로, 희미한 햇살이 비추며 파란 하늘이 서서히 드러나고
있습니다.

Caspar David Friedrich

나폴레옹에게 짓밟힌 조국

프리드리히로 대표되는 독일 낭만주의에 큰 영향을 미친 나폴레옹 전쟁에는 두 가지 상반된 측면이 있었습니다. 프랑스 혁명 이념을 전파하는 해방 전쟁이라는 표면적 이유와, 실제로는 단순한 침략 전쟁이라는 현실입니다. 전자는 구체제 타파에 대한 기대를, 후자는 조국을 지키려는 애국심을 고취시켰습니다.

〈떡갈나무 숲의 수도원〉에 그려진 17세기 30년 전쟁으로 폐허가 된 수도원은 나폴레옹 전쟁으로 폐허가 된 교회를 연상시킵니다. 해는 저물고, 묘지의 비석은 기울었으며, 고대 게르만족이 신성한 나무로 숭상했던 거대한 떡갈나무는 잎이 모두 떨어져 메마른 나무로 변해가고 있습니다.

여기에서 '사라지는 것에 대한 미학'을 느낄 수 있지만, 그렇다고 해서 프리드리히가 단순히 애국심에서 조국을 위한 진혼가로 이 작품을 그렸다고 단정 짓는 것은 다소 성급한 판단일 수 있습니다.

상현달에 담긴 희망

자세히 보면 폐허 오른쪽에 서 있는 떡갈나무 위로 초승달이 떠 있습니다. 게다가 앞으로 점점 차오르는 상현달입니다. 비록 해는 졌지만, 달은 떠오르며 점점 차오릅니다. 프리드리히는 나폴레옹 전쟁으로 조국의 구체제가 무너진 뒤, 새로운 시대가 시작될 것이라는 기대를 이 상현달에 담았다고 추측됩니다.

그는 종종 인물의 뒷모습을 그리곤 했는데, 그들이 바라보는 곳에는 언제나 빛이 있었습니다. 프리드리히의 '사라지는 것에 대한 미학'은 죽음을 통해 재생을 꿈꾸는 '희망의 미학'이기도 합니다.

카스파르 다비트 프리드리히 (1774-1840)

독일 최북단의 도시에서 태어나 코펜하겐에서 공부한 후, 드레스덴으로 이주했습니다. 폐허나 황량한 자연, 그리고 인물의 뒷모습을 잘 그린 화가입니다. 베를린에서 공부한 화가 히가시야마 카이이의 소개로 일본에서도 인기를 얻었습니다.

게하르트 폰 퀴겔겐
〈화가 카스파르 다비트 프리드리히〉
1808년경 유화 캔버스 53.3×41.5㎝
함부르크미술관, 함부르크, 독일

고향인 그라이프스발트 근처에 있는, 프리드리히가 여러 차례 그려온 엘데나 수도원입니다. 원제에 있는 "Eichwald"는 "참나무 숲"으로 번역되기도 하지만, 정확히는 "떡갈나무 숲"입니다. 떡갈나무(Eiche)는 고대 게르만족이 신성한 나무로 숭배했으며, 현대 독일에서도 힘과 불멸을 상징하는 나무입니다.

 Caspar David Friedrich

카스파르 다비트 프리드리히 〈떡갈나무 숲의 수도원〉 1809–1810년 유화 캔버스 110×171㎝ 구국립미술관, 베를린, 독일

유튜브
동영상 해설

Joseph Mallord William Turner

터너

1775-1851

빛과 대기를 그린 선구적인 거장

노럼성, 일출

회화계의 비틀즈

터너의 〈노럼성, 일출〉을 보고 모네의 〈인상, 일출〉과 비슷하다고 생각하는 것은 순서가 잘못된 것입니다. 터너가 모네보다 거의 30년 먼저 그렸기 때문입니다. 실제로 모네가 인상주의에 눈을 뜬 계기는 런던에서 터너의 작품을 본 것이었습니다.

결국, 정확히 말하자면 모네가 터너와 비슷한 것입니다. 인상파보다 훨씬 이전에 빛과 대기를 그리며, 당시 미술 후진국이었던 영국을 단번에 시대의 선두에 세운 터너는 회화계의 비틀즈라고 할 수 있습니다.

조셉 말로드 윌리엄 터너 (1775–1851)

런던에서 이발사의 아들로 태어난 그는 도시 경관 화가에게서 원근법을 배운 후, 왕립 미술아카데미 부속학교를 졸업했습니다. 젊은 나이에 아카데미 회원으로 선출되어 성공을 거두었지만, 이에 만족하지 않고 고전주의의 틀을 깨부수는 도전을 이어가며 새로운 시대의 문을 열었습니다.

조셉 말로드 윌리엄 터너 〈자화상〉
1799년 유화 캔버스 74.3×58.4cm 테이트브리튼, 런던, 영국

조셉 말로드 윌리엄 터너 〈바다의 어부들〉 1796년 유화 캔버스 91×122cm 테이트브리튼, 런던, 영국

15세 때 수채화로, 21세 때는 유화인 이 작품으로 왕립 미술아카데미전에 입선했습니다. 터너에게는 드문 밤 풍경이지만, 낮 경치 이상으로 빛을 묘사하는 데 큰 관심이 가졌음을 느낄 수 있습니다.

    Joseph Mallord William Turner

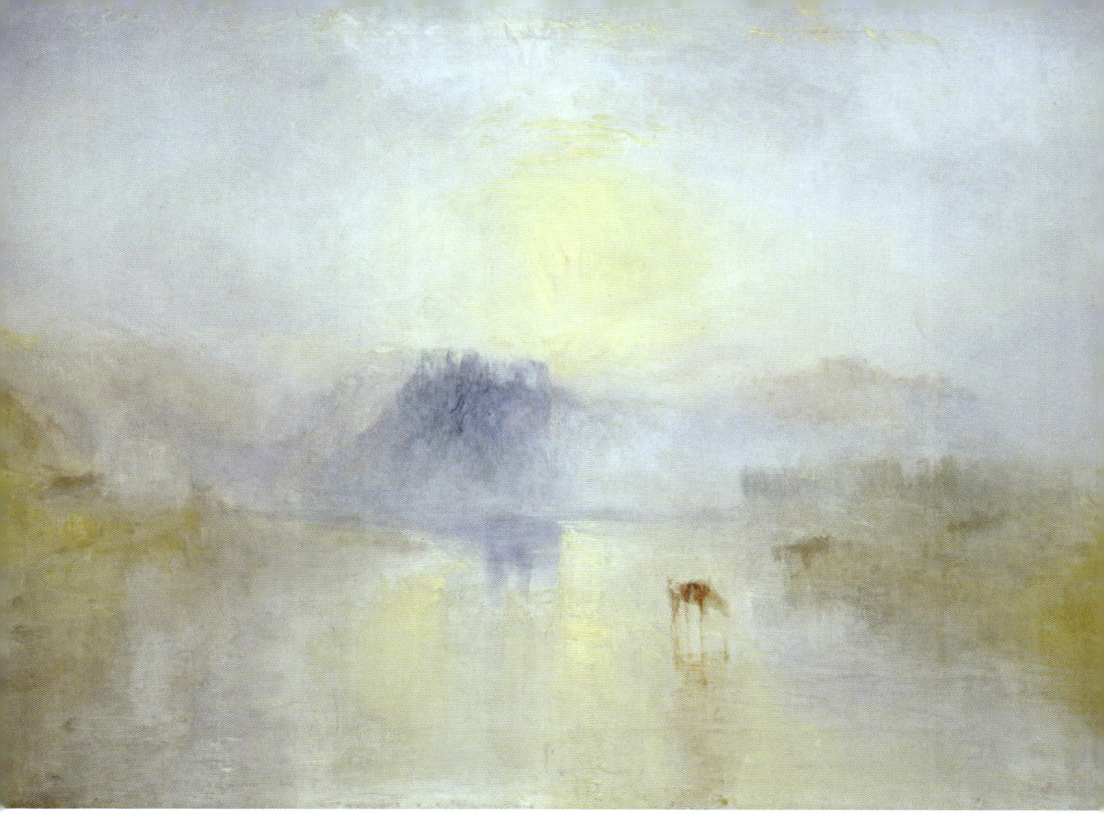

조셉 말로드 윌리엄 터너 〈노럼성, 일출〉
1845년경 유화 캔버스 90.8×121.9㎝ 테이트브리튼, 런던, 영국

인상파보다 30년 전에 그린 거예요!

영국 북부 트위드 강 유역에 있는 이 폐성을 터너는 오랜 세월 동안 여러 차례 그렸습니다. 작품들을 제작 연도순으로 보면, 고전주의에서 낭만주의, 그리고 인상주의를 거쳐 추상화에 이르기까지, 터너의 화풍이 시대를 앞서며 변화해 온 과정을 확인할 수 있습니다.

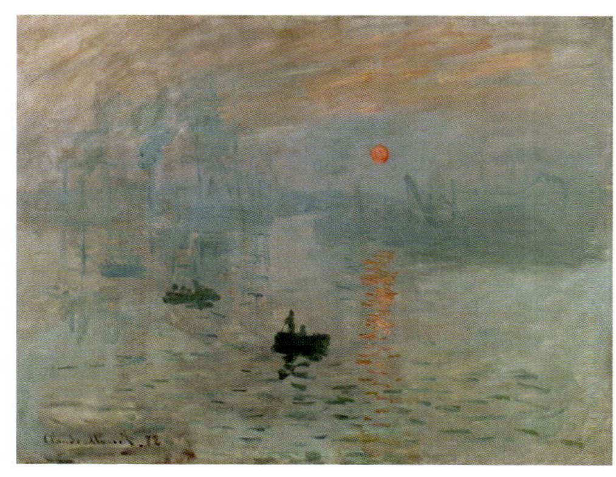

터너는 모네의 〈인상, 일출〉과 매우 유사한 작품인 〈붉은 노을〉도 그렸습니다. 또한, 증기 기관차 등 근대 사회의 상징을 그리는 것도 모네보다 앞서 터너가 먼저 시도한 것이 었습니다.

클로드 모네 〈인상, 일출〉
1872년 유화 캔버스 48×63㎝
마르모탕 모네미술관, 파리, 프랑스

조셉 말로드 윌리엄 터너 〈미노타우르스호의 난파〉
1810년경 유화 캔버스 173×245㎝ 칼루스트굴벤키안미술관, 리스본, 포르투갈

원래는 가상의 난파선을 그린 해양화였으나, 영국 전함 미노타우르스호가 좌초해 많은 희생자가 발생했다
는 뉴스를 듣고 제목을 변경했습니다. 터너는 역사화보다는 동시대의 사건을 다룬 저널리즘 회화가 요구
되는 시대가 다가오고 있음을 이미 깨닫고 있었습니다.

조셉 말로드 윌리엄 터너 〈전함 테메레르의 마지막 항해〉
1839년경 유화 캔버스 90.7×121.6㎝ 내셔널갤러리, 런던, 영국

역사적인 전쟁에서 승리한 범선이 역할을 다한 후, 증기선에 이끌려 해체되는 곳으로 향하는 장면입니다.
이는 신구 세대의 교체를 상징하는 장면이기도 합니다. 이 작품은 BBC 국민 설문조사에서 '영국에서 가장
사랑받는 그림'으로 선정되어 20파운드 지폐에 실리기도 했습니다. 터너가 생전에 직접 소유했던 그의 대
표작 중 하나입니다.

 Joseph Mallord William Turner

조셉 말로드 윌리엄 터너 〈아이네이아스의 무녀, 아베르누스 호수〉
1798년경 유화 캔버스 76.5×98.4㎝ 테이트브리튼, 런던, 영국

조셉 말로드 윌리엄 터너 〈황금 가지〉
1834년경 유화 캔버스 104.1×163.8㎝ 테이트브리튼, 런던, 영국

두 작품 모두 고대 로마의 서사시 '아이네이아스'에 등장하는 호수를 그린 상상 속의
풍경화이지만, 1819년 이탈리아 방문을 통해 빛의 표현을 깨달은 후에 그린 아래 작품
은 훨씬 더 밝고 선명하게 변했습니다.

조셉 말로드 윌리엄 터너

조셉 말로드 윌리엄 터너 〈빛과 색채(괴테의 이론) —대홍수의 다음 날—〉
1843년경 유화 캔버스 78.5×78.5cm 테이트브리튼, 런던, 영국

신인상주의에 앞서
과학적인 색채 이론을 도입!

터너는 괴테의 '색채론'이 1840년에 영어로 번역되자마자 바로 읽었다고 전해집니다. 그는 색상환을 연상
시키는 원의 중심에 대홍수 이후 구약성서를 쓰는 모세의 모습을 그렸습니다. 지금 보아도 매우 뛰어난 작
품입니다.

     Joseph Mallord William Turner

공기의 느낌은 인상파, 속도감은 미래파를 앞섰다!

조셉 말로드 윌리엄 터너 〈비, 증기, 속도-그레이트 웨스턴 철도〉
1844년경 유화 캔버스 91×122㎝ 내셔널갤러리, 런던, 영국

비와 안개로 가득한 무거운 공기를 가르며 질주하는 증기기관차. 터너는 20세기 이탈리아 미래파보다 먼저 근대 문명이 탄생시킨 '속도의 아름다움'을 화폭에 담았습니다.

시대를 앞서는 것을 멈추지 않는다

터너는 어릴 적부터 그림의 신동이라고 불리며 고전 화가의 엘리트 코스를 밟아, 젊은 나이에 풍경화가로 성공을 거두었습니다. 그러나 그는 그 자리에 안주하지 않고 끊임없이 새로운 시도를 했습니다.

역사화가 아닌 동시대의 사건을 다룬 〈미노타우르스호의 난파〉는 프랑스의 낭만주의 회화의 창시자 제리코의 〈메두사호의 뗏목〉보다 먼저 그려진 저널리즘 회화입니다. 터너는 44세에 이탈리아를 방문해 밝은 빛에 깊은 인상을 받았고, 이후 빛과 색채, 대기의 인상을 그리며 점점 더 추상적인 화풍으로 변화해 갔습니다. 또한 증기선과 기관차 등 근대적 주제를 가장 먼저 도입한 화가이기도 합니다.

1870년, 프로이센-프랑스 전쟁을 피해 런던에 머물고 있던 모네와 피사로는 터너의 작품을 보고 인상주의로 나아가는 데 큰 영향을 받았다고 할 수 있습니다.

유튜브
동영상 해설

Gustave Moreau

모로

1826-1898

'마성의 섬'에서 '처녀의 섬'으로

유니콘

'마마보이 아저씨'의 사랑과 고뇌

살로메를 비롯한 여성들에 대한 동경과 공포가 얽힌 '마성의 여자'라고 하는 세기말의 망상을 계속해서 그려온 모로는, 1884년에 그 집대성으로 마성의 여자들이 모여 있는 섬을 배경으로 한 대작에 착수했습니다. 그러나 무슨 이유에서인지 그 작품을 중도에 포기했습니다. 대신 다음 해에 완성한 것은 청순한 소녀들이 유니콘과 함께 노는 섬을 그린 작품이었습니다.

사실 이 두 작품 사이에 모로의 어머니 폴린이 세상을 떠났습니다. 외동아들이었던 모로는 마마보이로, 아버지가 사망한 후 어머니와 단둘이 살았습니다. 50세가 되어서도 용돈으로 생활하며, 무엇을 샀는지 하나하나 보고했다고 합니다.

모로에게 있어서 어머니는 가장 큰 동경과 동시에 공포의 대상이었을지도 모릅니다. 어머니의 죽음으로 그는 '마성의 여자'라는 망상에서 해방된 것일 수도 있습니다.

폴린 모로

외동아들인 모로를 지극히 사랑한 그의 어머니는 음악가였으나, 50세에 이르러 청력을 잃었습니다. 모로는 필담으로 용돈 사용 내역을 보고하고, 어머니에 대한 마음을 자주 열정적으로 글로 표현하며 어머니를 맹목적으로 사랑했습니다. 모로는 누구보다도 어머니의 사랑을 잃는 것을 두려워했을 것입니다.

귀스타브 모로 〈화가의 어머니 폴린 모로의 초상〉

귀스타브 모로 (1826–1898)

관료인 아버지 아래에서 유복한 부르주아 가정에서 자란 그는 국립 미술학교에 입학했으나, 샤세리오의 낭만주의에 매료되어 중퇴했습니다. 이후 자비로 이탈리아 유학을 다녀온 뒤 집에 틀어박혀 밖으로 나오지 않고, 판매할 의사도 없이 그림을 그리며 작품 활동을 이어갔습니다. 그렇게 쌓인 작품들과 집을 미술관으로 기증한 후 세상을 떠났습니다.

귀스타브 모로 〈자화상〉
1850년 유화 캔버스 41×32㎝
귀스타브모로미술관, 파리, 프랑스

귀스타브 모로 〈환영: 살로메의 춤〉
1876년 수채화 종이 106×72㎝
오르세미술관, 파리, 프랑스

순진한 소녀가 '마성의 여인'으로 변모

성경에서 단순히 나쁜 어머니의 부추김을 받은 순진한 소녀로 묘사된 살로메를, 이 작품에서는 스스로 남자를 죽이고 싶어하는 '마성의 여자'로 그려냈습니다. 이는 오스카 와일드를 비롯한 19세기 말 예술가들에게 결정적인 영향을 미친 화제작입니다.

귀스타브 모로 〈유니콘〉 1885-1888년경 유화 캔버스 90×115cm 귀스타브모로미술관, 파리, 프랑스

유니콘은 보통 사납지만, 순결한 처녀 앞에서는 얌전해지는 것으로 알려져, 예로부터 순결의 상징으로 여겨져 왔습니다. 모로의 설명에 따르면, 이 작품의 배경은 '여성들만이 모이는 마성의 섬'이라고 합니다.

Gustave Moreau

귀스타브 모로 〈키메라〉 1884년경 유화 캔버스 236×204㎝ 귀스타브모로미술관, 파리, 프랑스

키메라는 그리스 신화에 등장하는, 사자 머리와 산양 몸통, 뱀의 꼬리를 가진 괴물로, 서로 다른 신체 부분
이 결합된 생물을 총칭하는 단어이기도 합니다. 모로는 '악마 같은 유혹의 모습으로 나타난' 키메라가 마
성의 여자들과 어울리고 있는 '꿈의 섬'의 밑그림을 완성했지만, 일부만 붓으로 칠한 상태에서 작업을 멈췄
습니다.

중세의 그림 능력과 상상력으로 탄생시킨 너무나도 흥미로운 동물들

유튜브 동영상 해설 >

동물에게 배우는 기독교 도덕

중세 유럽에서 널리 읽힌 동물 우화집(Bestiary)은 고대 그리스·로마의 박물지에 기록된 동물 생태에 기독교적 도덕을 억지로 끌어들인 우화집입니다. 2~4세기에 그리스어로 쓰인 '피시오로고스'라는 책이 그 원형이며, 8세기경 유럽에서 라틴어로 번역되어 널리 퍼졌고, 많은 사본이 제작되었습니다.

그중에서도 삽화가 뛰어나 큰 인기를 끌었던 것은 13세기 전반에 만들어져 옥스퍼드 대학 보들리언 도서관에 소장된「보들리 사본 764」입니다. 이 사본에는 사랑스러운 동물들이 다채롭게 등장합니다.

새에게는 세심하고, 물고기는 대충대충

동물 우화집은 인쇄술이 보급되기 이전에 손으로 그린 작품입니다. 동물의 종류나 문장의 내용도 사본마다 다릅니다.「보들리 사본 764」에서는 유독 새와 뱀의 종류가 자주 등장하는데, 이는 땅이 넓고 육식을 주로 하던 유럽에서는 어패류가 친숙하지 않았기 때문일 것입니다.

르네상스 이전에 제작된 만큼, 삽화의 수준이 치졸하고 원근감이 부족한 것도 많은 사본에서 공통점으로 나타나는 특징입니다.「보들리 사본 764」의 경우 "바로 위에서 그리면 어떤 동물도 사람 얼굴처럼 된다."는 특징이 더해져 있습니다.

동서양 문화의 차이와 르네상스 이후의 삽화를 비교하며 감상하면, 동물우화집이 한층 더 깊이 있는 의미로 다가옵니다.

보들리언 도서관

옥스퍼드 대학 도서관은 보들리의 기증을 바탕으로 1602년에 재건되었습니다. 현재 약 1,300만 점의 서적과 사료를 소장하고 있습니다.

Bodleian Library
@Martin Addison

토마스 보들리

엘리자베스 1세 시기의 외교관이자 학자였던 그는 쇠퇴해 가던 모교 옥스퍼드 대학의 도서관을 재건하기 위해 장서를 기증하고, 새로운 책을 수집하는 데에도 힘썼습니다.

이 삽화들은 양피지에 손으로 그려졌는데, 화가가 라틴어에 익숙하지 않았는지 가끔 글 내용과 그림이 일치하지 않는 경우가 있습니다.

「보들리 사본 764」는 익숙한 동물조차 낯설게 그려낸 것이 특징입니다. 고양이가 먹이를 잡는 모습이 마치 두 발로 걷는 것처럼 보이며, 쥐는 이미 죽어서 경직된 모습으로 묘사되어 있습니다.

작가 미상 〈BESTIARY MS Bodley 764〉
13세기 전반 양피지 보들리언도서관, 옥스퍼드대학, 영국

물고기를 하나의 항목으로 묶는 바람에, 도저히 물고기로 보이지 않는 수수께끼의 생물들이 섞여 있습니다. 이는 서양 언어에 물고기 종류를 표현하는 어휘가 부족한 것에서도 드러나며, 당시 서양인의 물고기에 대한 관심이 적었음을 알 수 있습니다.

'전갈은 뱀이 아니라 꼬리로 사람의 손을 찌르는 벌레'라고 기세등등하게 기록했지만, 삽화에는 네 발 달린 짐승의 모습입니다. 위에서 내려다보듯 그려서 사람 얼굴처럼 보이는 「보들리 사본 764」 화가 특유의 화풍까지 더해져 포유류처럼 보입니다.

호랑이처럼 보이지 않지만, 이 동물은 호랑이입니다. 새끼 호랑이를 빼앗으면 어미 호랑이가 쫓아오지만, 어미 호랑이에게 유리구슬을 던지면 그 안에 비친 자신의 모습을 자신의 새끼로 착각해 멈춘다고 설명되어 있습니다.

타조는 6월에 플레이아데스 성단이 보이는 곳에 알을 묻어두는데, 자신이 알을 어디에 묻었는지 잊어버립니다. 하지만 신의 은혜로 그 알들이 잘 부화될 것이라는 사실을 알고 있기 때문이라고 합니다.

펠리컨은 서양에서 그리스도의 상징으로, 어미가 자신의 가슴을 찔러 흘린 피로 새끼를 기른다고 여겨졌습니다. 하지만 「보들리 사본 764」에서는 "자식을 죽이고 3일 후에 자신의 피를 부어 되살린다."는 새로운 이야기를 소개하고 있습니다.

기러기는 철새로, 당시 사람들은 기러기가 어디에서 알을 낳는지 알지 못했습니다. 그래서 아일랜드 등지에서는 유목에 붙은 조개삿갓이 기러기와 닮았다는 이유로, 기러기가 나무에서 태어난다고 믿었습니다.

아이벡스 산양은 알프스의 가파른 경사를 뛰어 내려온다는 이야기가 잘못 전해져, 떨어져도 튼튼한 뿔로 지탱되어 죽지 않는다는 도시 전설이 되었습니다.

오소리 중에는 파낸 흙을 배에 안고 끌려가는 역할을 하는 '노예 오소리'가 있다고 하지만, 물론 사실이 아닙니다.

'크로커다일'의 어원은 크로커스 꽃과 색이 비슷해서'라는 낭설을 소개하고 있지만, 사실 그 어원은 그리스어의 '크로커딜로스(작은 돌을 등에 지고 있는 벌레)'에서 유래한 것입니다.

현대에 알려진 유니콘과 유사한 뿔을 가진 이 생물은 '모노세라스'입니다. 다리는 코끼리처럼 생겼으며, 생포는 가능하지만 죽일 수는 없다고 전해집니다. 라틴어의 '우니코르노'와 그리스어의 '모노세로스'는 모두 '하나의 뿔'을 의미합니다.

평소에는 사납지만, 처녀 앞에서는 얌전해지는 성질을 이용해 사람들에게 잡힌 것으로 보아, 이것이 유니콘이라고 판단할 수 있습니다. 오래된 그림에서는 뿔이 몸과 수평으로 나 있는 모습으로 묘사되곤 했습니다.

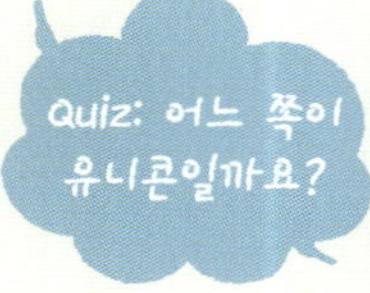

그리폰은 독수리의 날개와 상반신, 사자의 하반신을 가진 괴물입니다. 전설에 따르면, 그리폰은 신의 마차를 끄는 역할을 두고 말과 치열하게 싸워 적이 되었으며, 이로 인해 불가능한 일을 가리키는 관용구 '그리폰과 말의 교배'가 생겼습니다.

세이렌은 아름다운 노랫소리로 뱃사공을 유혹해 배를 난파시키는 바다의 괴물입니다. 그리스 신화에서는 반인반조로 묘사되며, 「보들리 사본 764」에서도 그렇게 기재되어 있지만, 삽화에서는 어떤 이유에서인지 인어의 모습으로 그려져 있습니다.

사티로스는 그리스 신화에서 욕망의 상징으로, 수컷만 등장하는 반인반수의 존재입니다. 그러나 「보들리 사본 764」에서는 암컷 사티로스도 등장하며, 이들은 쉽게 사로잡히고 서식지인 에티오피아에서 벗어나면 죽어버리는 약한 캐릭터로 묘사됩니다.

만티코어는 붉은 몸에 사람의 얼굴을 한 식인 사자로, 이빨이 세 줄이며 꼬리는 전갈로 묘사됩니다. 그러나 「보들리 사본 764」의 화가는 전갈을 몰랐는지, 여기서도 단순히 뾰족한 꼬리로 그려냈습니다. 이는 P202의 전갈 모습에서도 드러나는 특징입니다.

피닉스가 향료로 짠 누에고치 안에서 죽으면, 그 시체에서 생긴 벌레가 다시 피닉스로 부활한다는 이야기가 「보들리 사본 764」에 있지만, 화가는 통설에 따라 "불에 몸을 던져 다시 태어난다."는 이야기를 바탕으로 삽화를 그렸습니다. 이로 인해 이야기와 삽화가 어긋나 있습니다.

아스피도켈론은 북유럽 신화에 등장하는 거대한 바다 괴물이기에 물고기와는 다른 항목에 들어가 있습니다. 너무 거대해서 그림이 틀 밖으로 빠져나갔습니다.

유튜브
동영상 해설

Pierre-Auguste Renoir

르누아르

1841–1919

미소녀와 그 초상화의 기구한 운명

이렌느 캉 단베르 양

'회화 역사상 가장 유명한 소녀상'

　은은한 연분홍빛의 투명한 뺨과 부드럽게 흐르는 풍성한 머리카락. 르누아르가 당시 여덟 살이었던 유대인 재벌가의 딸, 이렌느를 그린 이 초상화는 인상주의 필촉분할과 고전주의적 음영이 절묘하게 조화를 이루고 있습니다. 이 작품은 전 세계에서 다양한 상품의 패키지 등에 사용될 정도로 유명한 걸작입니다.

　그러나 이 초상화를 주문한 소녀의 아버지는 완성된 작품에 만족하지 못했다고 합니다. 결국 이 작품은 하인들의 숙소에 보관되었고, 이후에도 기구한 운명을 맞이하게 됩니다. 그리고 이 초상화의 모델이었던 소녀 또한...

세계에서 가장 유명한
소녀의 초상화도
어머니의 마음에는
들지 않았던 것 같다

▶ 〈샤팡티에 부인과 딸들〉(P212)이 살롱(관전)에서 호평받았다는 소식을 들은 유대인 재벌 캉 단베르 백작 가문은 세 자매의 초상화를 의뢰했습니다. 그중 첫 번째로 그려진 인물이 당시 여덟 살이었던 장녀 이렌느였습니다. 르누아르는 배경에 인상주의의 필촉분할 기법을, 의상과 손에는 마네의 영향을 받은 빠른 붓 터치를 사용하면서도, 얼굴과 머리카락은 고전적인 부드러운 음영으로 표현했습니다. 그러나 백작부인은 작품에 만족하지 않았다고 합니다.

피에르 오귀스트 르누아르 〈이렌느 캉 단베르 양〉
1880년 유화 캔버스 65×54cm
뷔를레컬렉션, 취리히, 스위스

피에르 오귀스트 르누아르 〈습작 (햇빛 속의 토르소)〉 1876년경 유화 캔버스 81×65㎝ 오르세미술관, 파리, 프랑스

제2회 인상파전에 출품된 작품으로, 인상주의의 특징인 보라색 그림자를 필촉분할 기법으로 피부에 표현했으나, "멍이 든 것 같다."는 혹평을 받았습니다.

Pierre-Auguste Renoir

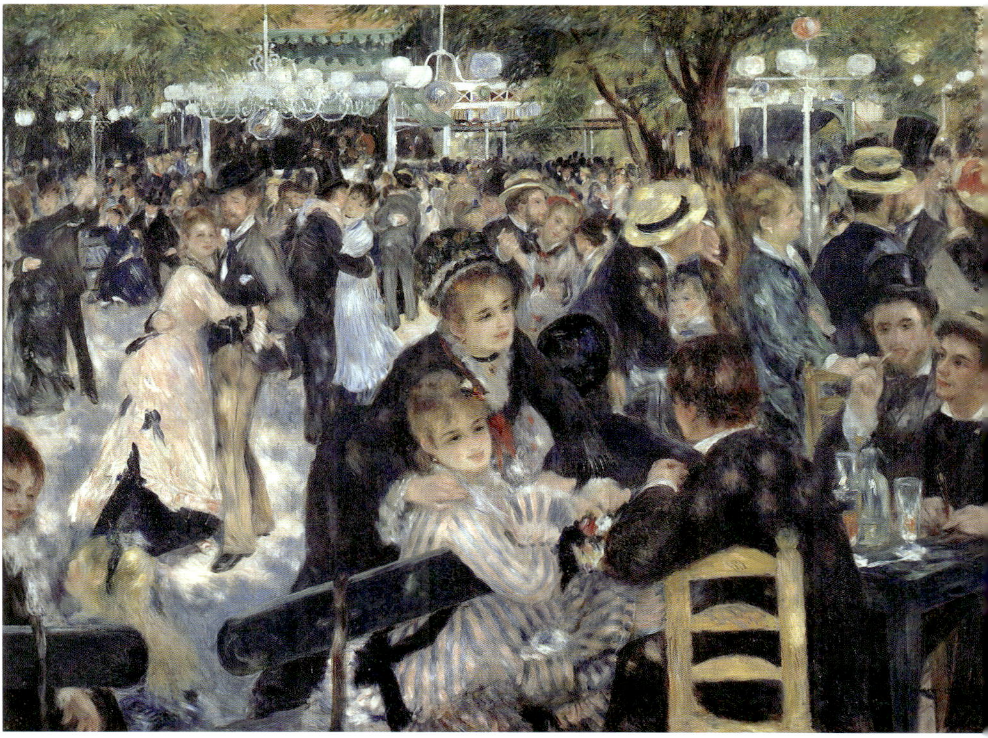

피에르 오귀스트 르누아르 〈물랭 드 라 갈레트의 무도회〉
1876년경 유화 캔버스 131.5×176.5cm 오르세미술관, 파리, 파리

인물화에는 적합하지 않았던
인상파의 필촉분할

권토중래위 마음으로 제3회 인상파전에 출품한 역작이었지만, 이번에는 머리와 옷에 드리운 빛의 반점이
"벗겨진 것 같다."는 부정적인 평가를 받아 판매되지 않았습니다. 마음에 깊은 상처를 받은 르누아르는 고
전적인 음영 기법을 도입한 화풍으로 회귀하게 됩니다.

피에르 오귀스트 르누아르

피에르 오귀스트 르누아르 〈샤팡티에 부인과 딸들〉
1878년 유화 캔버스 153.7×190.2㎝
메트로폴리탄미술관, 뉴욕, 미국

필촉분할 기법을 사용하여 그린 작품을 인상파전에 출품했으나 판매에 실패한 르누아르는 국가가 주관하는 보수적인 살롱(관전)으로 복귀했습니다. 부유한 출판업자의 모녀를 고전적인 화풍으로 그린 이 작품으로 입상하여 호평을 받았고, 이를 계기로 캉 단베르 가문의 초상화 주문까지 이어지게 되었습니다.

Pierre-Auguste Renoir

르누아르에게 불만이 있었던 소녀의 부모님

루이 캉 단베르

이렌느를 포함한 세 자매의 아버지는 안트베르펜 출신의 은행가로, 로스차일드 가문 등과 함께 금융계를 좌우하던 재벌입니다. 그는 그 공로로 백작 작위를 받았습니다.

레옹 보나
〈루이 캉 단베르의 초상〉
1901년 유화 캔버스

루이즈 캉 단베르

그녀는 이탈리아 트리에스테 출신의 유대인 재벌 가문에서 태어났습니다. 르누아르가 그린 딸 이렌느의 초상화에 대해 주로 불만을 가진 사람은 어머니였다고 전해집니다.

카를로스 뒤랑
〈루이즈 캉 단베르의 초상〉
1870년 유화 캔버스

전쟁의 참화를 이겨낸 소녀와 명화

　이렌느는 19세에 또 다른 유대 재벌 가문 출신인 카몽도 백작과 결혼해 1남 1녀를 두었으나, 이탈리아 귀족과 불륜 끝에 이혼했습니다. 초상화 속에서는 얌전해 보이지만, 의외로 활발한 성격의 소유자였던 그녀는 불륜 상대와 재혼한 뒤에도 전남편과 아이들과 좋은 관계를 유지하며 강인한 모습을 보여주었다고 합니다.

　그러나 제1차 세계대전에서 아들이 전사하는 비극을 겪었고, 제2차 세계대전 중에는 프랑스를 점령한 나치에 의해 딸 가족과 여동생이 강제 수용소에서 희생당했습니다. 이렌느는 남편이 이탈리아 국적이었던 덕분에 그 참화를 피할 수 있었지만, 그녀의 초상화는 약탈당해 괴링 컬렉션에 포함되었습니다(P111 참조).

　전쟁 후 이 초상화는 반환되었고, 역설적이게도 나치에 무기를 팔아 부를 축적한 스위스 수집가 뷔를레가 이렌느로부터 구입했습니다.

피에르 오귀스트 르누아르 (1841–1919)

도자기와 부채에 그림을 그리는 직공으로 일하다가 국립미술학교에 입학했습니다. 그림 수업에서 만난 모네와 시슬레 등과 함께 인상파전을 창설하지만, 작품이 팔리지 않아 결국 살롱으로 복귀하게 됩니다. 이후 이탈리아 여행을 계기로 고전적인 화풍으로 회귀했습니다.

1875년경 촬영된 피에르 오귀스트 느루아르의 초상 사진

▶ 세 자매 각각의 초상화를 따로 그려달라는 주문이었으나, 이렌느의 초상화에 불만을 품은 어머니는 중간에 "둘째와 셋째는 함께 한 장으로 그려주세요."라고 요청을 변경했습니다. 비록 크게 화가 났지만, 르누아르 훌륭한 작품으로 이를 완성해냈습니다. 안타깝게도, 나중에 나치에 의해 학살된 사람은 오른쪽에 있는 둘째와 그녀의 가족이었습니다. 셋째는 영국 군인과 결혼해 무사히 살아남았습니다.

피에르 오귀스트 르누아르 〈핑크와 블루〉
1881년 유화 캔버스 119×74㎝
상파울로미술관, 상파울로, 브라질

피에르 오귀스트 르누아르

유튜브
동영상 해설

Berthe Morisot

모리조

1841-1895

인상파 인맥을 이어준 어머니

부지발에서 딸과 함께 있는 외젠 마네

코로의 영향을 많이 받은 풍경화입니다. 사람들과의 만남을 꺼리기로 유명했던 코로였지만, 기샤르의 소개로 만난 모리조의 재능을 인정하며 그녀의 가족과도 친밀하게 교류했습니다.

베르트 모리조 〈노르망디의 농원〉

베르트 모리조 (1841–1895)

아버지는 도지사를 역임한 고위 관료였습니다. 그녀는 언니와 함께 화가 기샤르에게 그림을 배우며 실력을 쌓았고, 코로에게 재능을 인정받아 본격적으로 화가의 길에 들어섰습니다. 모델로도 활동하며 마네를 따랐고, 그의 반대에도 불구하고 인상파에 참여했습니다. 까다로운 동료들 사이를 중재하는 역할을 해냈으며, 이후 마네의 남동생과 결혼하여 딸을 낳은 뒤에는 어머니의 시선이 담긴 따뜻한 명작들을 그렸습니다.

1877년 촬영 베르트 모리조 초상 사진

에드가 드가 〈자화상〉
1855년 유화 종이 81.5×65㎝ 오르세미술관, 파리

은행가 집안의 장남으로, 모리조 가문과는 가족간의 교류가 있었습니다. 그는 모리조의 큰 언니 이브의 초상화도 그렸습니다. 드가는 '생각할 수 있는 모든 악평'으로 동료의 작품을 평가하곤 했지만, 모리조는 오히려 그런 드가를 신뢰했습니다.

클로드 모네 〈베레모를 쓴 자화상〉
1886년 유화 캔버스 55×46㎝ 개인소장

도매상의 아들로 북부 항구 마을에서 성장한 그는, 파리의 그림 교실에서 피사로와 르누아르 등을 만나 함께 살롱(관전)에 도전했지만 계속 낙방했습니다. 모리조와 알게 되었을 무렵에는 극빈 생활을 이어가고 있었습니다.

앙리 루아르 〈앙리 루아르의 초상〉
1871년 유화 캔버스 27×22㎝
마르모탕모네미술관, 파리, 프랑스

명문 학교에서 드가와 동창으로 이공계열 최고 학부를 졸업한 뒤 기술자로 일하며 인상파에 참여했습니다. 그의 둘째 아들 에르네 또한 화가의 길을 걸었고, 함께 화가가 된 모리조의 딸 줄리와 결혼했습니다.

피에르 오귀스트 르누아르 〈자화상〉
1899년 유화 캔버스 41×33㎝
클라크미술관, 매사추세츠, 미국

가난한 재단사 아버지 밑에서 태어나 도자기와 부채에 그림을 그리는 직공으로 일한 뒤, 국립미술학교에 입학한 그는 많은 고생을 겪은 인물입니다. 모리조는 사망하기 전, 그와 드가, 마네에게 작품을 남기며 딸 줄리의 후견을 부탁했습니다.

베르트 모리조 〈부지발에서 딸과 함께 있는 외젠 마네〉
1881년 유화 캔버스 73×92㎝
마르모탕모네미술관, 파리, 프랑스

어머니의 눈은 자녀의 사랑스러운
몸짓과 표정을 놓치지 않지요

파리 동부 부지발에 있던 부부의 별장 정원에서 남편과 딸이 건축 블럭을 나열해 마을을 만드는 집짓기
놀이(Jeu de construction)를 즐기는 모습을 사랑 가득한 시선으로 담아내고 있습니다.

까다로운 화가들의 중재자

정원의 따스한 햇볕 아래에서 놀고 있는 아버지와 딸의 모습. 아버지는 마네의 동생 외젠이며, 그 장면을 그린 이는 그의 아내인 버르트 모리조(결혼 전 성)입니다.

서양회화에서 아이를 사랑스럽게 그리는 것이 보편화된 것은 인상파 시대부터입니다. 모리조는 그 인상파의 일원으로서도 중요한 역할을 했습니다.

인상파 내부에서는 서민 계층 출신으로 인상주의의 필촉분할 기법에 집착한 모네와 르누아르 등과, 부르주아 가정 출신으로 사실주의에 가까운 화풍을 선호했던 드가와 루아르 등의 두 파벌이 늘 대립했습니다. 이 양측을 중재한 인물이 서민 쪽에서는 피사로, 부르주아 쪽에서는 모리조였습니다. 모리조의 남편 외젠도 처음부터 스태프로서 양쪽 화가들을 지원했습니다. 인상파전이 여러 차례 중단될 위기에 처했음에도 제8회까지 이어질 수 있었던 것은 이 부부와 피사로의 노력 덕분이라고 할 수 있습니다.

에두아르 마네
⟨발코니⟩
1868-1869년
유화 캔버스
170×125cm
오르세미술관, 파리, 프랑스

모리조가 처음으로 마네의 모델이 된 작품입니다. 작품 중앙에 서 있는 두 사람 모두, 친구이자 화가인 기유메의 소개로 연결되었습니다. 이후 모리조는 여러 차례 마네의 모델을 맡았고, 그의 화풍과 인품에 매료되어 제자가 되기를 희망했으나, 마네는 "나는 제자를 두지 않는다"라며 거절했습니다.

에두아르 마네

마네의 아버지는 법무 관료였으며, 같은 부르주아 출신의 드가와는 이전부터 알고 지낸 사이였습니다. 모네와 르누아르 등도 그를 따랐지만, 본인은 필촉분할 기법에 부정적이었고 인상파전에 참가하지 않았습니다. 또한, 모리조에게도 인상파전에 참여하지 말라고 권했습니다.

나다르가 촬영한
에두아르 마네의 초상 사진

"제자는 두지 않는다"고 했으면서!
게다가 모델까지 시키다니
너무한 것 아니야?

마네는 모리조를 제자로 받지 않겠다고 거절한 직후, 에바 곤살레스를 제자로 삼았습니다. 스페인계인 그녀의 약간 통통한 체형이 마네의 마음에 들었던 걸까요? 깊은 상처를 받은 모리조는 결국 마네의 만류를 뿌리치고 인상파전에 참가하게 됩니다.

에두아르 마네 〈에바 곤살레스의 초상〉
1870년 유화 캔버스 191.1×133.4㎝
내셔널갤러리, 런던, 영국

베르트 모리조 〈로리안의 작은 항구〉 1869년 유화 캔버스 43.5×73㎝ 워싱턴 국립미술관, 워싱턴D.C., 미국

1869년 살롱(관전)에서 입상한 작품으로 마네의 극찬을 받았습니다. 모리조는 "곤살레스의 작품보다 더 좋다고 칭찬해 주셨어요♡"라며 크게 기뻐했다고 전해지지만...

다음 세대까지 이어진 화려한 인맥

　고위 관료의 딸로 태어난 모리조는 가정교육의 일환으로 회화를 취미 삼아 배우려 했지만, 뛰어난 재능을 인정받아 프로 화가의 길로 들어섰습니다. 파리의 부르주아 인맥 덕분에 마네와 드가 가족과 친밀하게 지내며, 모네와 르누아르와도 가까워졌습니다. 결국 부모님과 마네의 반대를 뿌리치고 인상파전에 참가하게 됩니다.

　그 시점부터는 동경하던 마네와의 감정을 정리하려는 듯, 필촉분할 기법을 적극적으로 수용했습니다. 하지만, 자신의 형(마네)를 향한 마음을 알면서도 받아준 외젠과의 결혼 생활은 행복했고, 그들 사이에서 외동 딸 줄리가 태어났습니다.

　안타깝게도 부부는 50대에 잇따라 세상을 떠나고, 줄리는 16세에 고아가 되었지만, 르누아르와 시인 말라르메 등 화려한 인맥이 그녀를 보살펴 주었습니다. 줄리 역시 화가가 되어 루아르 집안의 아들인 화가 에르네스트 루아르와 결혼했습니다.

베르트 모리조 〈니스의 항구〉 1881-1882년 유화 캔버스 38.1×46.36㎝ 댈러스미술관, 댈러스, 미국

인상파전에 참가한 이후, 모리조는 필촉분할 기법을 적극적으로 수용했습니다. 이 작품은 1882년 제7회 인상파전에 출품된 것으로 "무엇을 그린 건지 알 수 없다."는 혹평을 받았지만, 그녀는 이에 굴하지 않았습니다.

기샤르에게 함께 그림을 배운 둘째 언니 에드마가 해군과 결혼한 후, 갓 태어난 아기를 사랑스럽게 바라보는 모습을 담은 작품입니다. 이 작품은 마네의 붓터치를 연상시키는 기법으로 그려졌습니다.

베르트 모리조 〈아기 요람〉
1872년 유화 캔버스 56×46cm
오르세미술관, 파리, 프랑스

함께 그림을 그리던
언니는 전업 주부로

작은 의자에
걸터앉아 있는
사랑스러운 아이 모습

베르트 모리조 〈우화〉 1883년 유화 캔버스 65×81cm 개인소장

가사도우미의 이야기에 귀 기울이고 있는 줄리의 모습. 모리조와 카사트 같은 인상파 여성 화가들은 아이의 사랑스러움이 서양 회화의 주제로도 훌륭하게 어울릴 수 있음을 멋지게 증명했습니다.

베르트 모리조

유튜브
동영상 해설

출신은 드가파, 마음은 모네파

자신들을 인정해주지 않는 살롱(관전)에 반발해 1874년 그룹전을 시작한 인상파 화가들. 그러나 그들 대부분은 오랜기간 동안 작품이 팔리지 않아 어려움을 겪었습니다.

그런 곤경에서 인상파를 구해준 소중한 후원자 중 한 명이 바로 자신도 화가로서 인상파전에 참여했던 카유보트였습니다. 그는 부르주아 계급 출신으로 드가보다 더 사실적인 화풍을 그렸지만, 서민파 모네 등과 함께 필촉분할 기법을 지지했습니다. 카유보트는 자신의 돈으로 전시 공간을 대여해 제3회 인상파전을 성사시키는 등, 인상파의 불우한 시기를 붓과 재정으로 든든하게 뒷받침했습니다.

귀스타브 카유보트 (1848-1894)

아버지가 군용 침구 사업으로 돈을 벌어 파리의 최고급 지역에 호화로운 저택을 소유하게 되었습니다. 그는 배를 좋아해 모네에게 보트 아틀리에를 만들어주기도 했습니다. 남동생이 사망한 것을 계기로, 28세에 유언장을 작성하여 르누아르를 집행인으로 지명했습니다.

1878년 촬영된 귀스타브 카유보트의 초상 사진

제2회 인상파전에서 혹평을 받은 이 작품은 카유보트가 구입했으며, 그의 사망 후 유언 집행인으로서 이를 국가에 기증한 사람은 다름 아닌 작가 르누아르 자신이었습니다.

피에르 오귀스트 르누아르 〈습작 (햇빛 속의 토르소)〉
1876년경 유화 캔버스 81×65㎝
오르세미술관, 파리, 프랑스

귀스타브 카유보트 〈창가의 젊은 남자〉
1875년 유화 캔버스 117×82㎝ 게티센터, 로스앤젤레스, 미국

모델은 25세에 사망한 남동생 르네입니다. 카유보트는 자신도 일찍 죽을 것을 예상하고 인상파전 개최와 작품 구매에 자신의 유산을 사용할 것을 유언으로 남겼습니다.

귀스타브 카유보트 〈마루 깎는 사람들〉 1875년 유화 캔버스 102×146.5㎝ 오르세미술관, 파리, 프랑스

쿠르베 스타일의 사회적 사실주의로 마루를 대패질하는 노동자를 그린 이 작품은, 주제가 살롱에 적합하지 않다는 비판을 받아 낙선했습니다. 이로 인해 인상파전으로 전환하는 계기가 되었습니다.
예전에 오르세의 큐레이터로부터 "일본인은 다다미에서 생활하는데 왜 이 작품을 좋아할까요?"라는 질문을 받았고, 농담으로 "얇게 깎은 가다랑어포(케즈리부시)와 비슷해서요."라고 답했습니다. 그런데 큐레이터가 이를 진지하게 믿어버려, 반성한 일화가 있습니다.

　Gustave Caillebotte

귀스타브 카유보트 〈마루 깎는 사람들〉 1876년 유화 캔버스 80×100㎝ 개인소장

르누아르 등의 권유로 제2회 인상파전에 출품한 새로운 버전으로 반사광 표현이 뛰어납니다.

귀스타브 카유보트

귀스타브 카유보트 〈파리의 거리, 비 오는 날〉 1877년 유화 캔버스 212.2×276.2㎝ 시카고미술관, 시카고, 미국

자신의 자금으로 개최한 제3회 인상파전에 출품한 작품입니다. 두 개의 소실점을 활용한 역동적인 원근법이 인상적이며, 돌길에 반사되는 빗물의 빛 표현도 매우 뛰어납니다.

클로드 모네 〈유럽 다리, 생라자르 역〉
1877년 유화 캔버스 65×81㎝
마르모탕모네미술관, 파리, 프랑스

　　　　Gustave Caillebotte

귀스타브 카유보트 〈유럽 다리〉 1876년 유화 캔버스 124.7×180.6㎝ 프티팔레미술관, 파리, 프랑스

모네 선배 같이 과감하게 필촉분할 할 수 없었어요

모네가 좋아했던 생라자르 역 근처의 철교를 주제로 선택했지만, 필촉분할 기법을 전면적으로 적용할 용기가 부족해 결국 일반적인 사실주의 방식으로 그렸습니다.

죽어서도 여전히 인상파에 기여

카유보트는 드가와 같은 명문 중학교 출신으로 법학 학위를 취득하고 변호사 자격을 얻은 후, 국립미술학교에 입학했습니다. 공교롭게도 첫 인상파전이 열린 해에 아버지가 돌아가시며 막대한 유산을 상속받아, 그림을 그리는 것뿐만 아니라 작품 수집도 시작했습니다.

1875년에 그린 〈마루를 깎는 사람들〉이 살롱에서 낙선한 것을 계기로 르누아르 등의 권유를 받아 인상파전에 참가하게 되었습니다. 필촉분할 기법을 도입하는 동시에, 팔리지 않은 동료들의 작품을 꾸준히 구입했습니다.

인상파전 종료 후에는 교외의 별장에서 그림을 그리면서 배 만들기와 원예를 즐기며 생활했으나, 45세의 젊은 나이에 사망했습니다. 남은 컬렉션은 보수적인 미술계의 반대에도 불구하고 르누아르 등이 설득해, 유언대로 국가에 기증되었습니다. 이 컬렉션은 오늘날 오르세 미술관의 중요한 기반이 되었고, 인상파의 훌륭함을 후세에 전하는 데 기여했습니다.

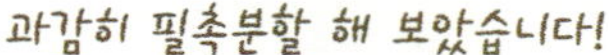

Gustave Caillebotte

귀스타브 카유보트 〈빨래가 널린 세느강변〉
1892년 유화 캔버스 105.5×150.5㎝
발라프 리하르츠미술관, 쾰른, 독일

한가로운 별장 생활로 스트레스가 풀린 덕분인지, 인상파전이 끝날 무렵이 되어서야 필촉분할 기법에 익숙해졌습니다.

인상파전이 끝난 뒤가
인상주의의 진정한 시작이었다!

▶ 자신이 즐기던 뱃놀이를 소재로 하여 수면의 반사 부분에 과감히 필촉분할 기법을 도입했지만, 인물과 배경은 여전히 사실적으로 표현되어 다소 어색한 조화를 보이고 있습니다.

귀스타브 카유보트 〈보트 노젓기〉
1877년 유화 캔버스 88.9×116.2㎝
워싱턴 국립미술관, 워싱턴 D.C., 미국

유튜브
동영상 해설

Leo Lesser Ury

우리

1861–1931

코비드19 재난 속 마음에
울림을 준 밤 풍경

포츠담 광장의 밤

갑작스러운 대성공

2021~22년에 일본에서 열린 "이스라엘 박물관 소장 인상파— 빛의 계보"전시에서 갑자기 주목받은 레세르 우리는 그때까지 일본에서 거의 무명에 가까운 화가였습니다.

'독일 인상파'로 불리는 우리는 모네보다 약 20년 젊은 세대였고, 뭉크와 같은 시대를 살았습니다. 18세에 화가를 꿈꾸며 유럽 각지의 미술학교를 돌며 그림을 공부했고, 고향 베를린에 돌아와 28세에 열린 첫 개인전이 베를린 미술아카데미에서 인정받아 이탈리아로 연수도 다녀왔습니다. 그는 도시의 야경과 카페 풍경을 그리며 성공을 거두었고, 베를린 분리파에 참여했습니다. 말년에는 '제국 수도 명예 예술가'로 선정되기도 했습니다.

유대인이었던 그는 시온주의 운동을 지지하여 유대인 국가 건국 후원했고, 이스라엘 박물관에 그의 많은 작품이 소장되어 있습니다. 그중 일부가 앞서 언급한 전시를 통해 일본에 소개되었습니다. 비에 젖은 한적한 광장의 야경은 코로나 팬데믹으로 인한 고요함과 쓸쓸함을 떠올리게 하며, 관람객들의 마음을 사로잡았을 것입니다.

레오 레세르 우리 (1861–1931)

베를린 근교에서 태어나 실업학교를 졸업한 후 상점에서 일하며 화가의 꿈을 키웠고, 여러 곳에서 그림을 배웠습니다. 인상주의에 국한되지 않는 유연한 화풍으로 베를린 분리파에도 참여했습니다.

레오 레세르 우리 〈자화상〉
1921년경 유화 캔버스 50×36㎝

레오 레세르 우리 〈옆으로 누운 누드〉
1889년 유화 캔버스 96.3×177.5㎝ 베를린주립미술관, 베를린, 독일

첫 개인전에서 거장에게
인정받은 작품

28세에 처음 개최한 개인전에 출품한 작품으로, 혹독한 평가도 있었지만, 베를린 미술 아카데미의 거장 폰 멘첼의 추천으로 이탈리아 연수 여행 상을 받았습니다. 이후에도 우리는 이탈리아를 자주 방문했습니다.

레오 레세르 우리 〈포츠담 광장의 밤〉 1920년대 중반 유화 캔버스 79.6×100㎝ 이스라엘박물관, 예루살렘, 이스라엘

우리는 이 작품 외에도 많은 야경을 그렸습니다. 당시 베를린에서는 같은 유대인계인 막스 리베르만이 인상화풍의 풍경화로 유명했기 때문에, 아마도 야경을 통해 자신만의 차별화를 시도했을지도 모릅니다.

레오 레세르 우리 〈기도하는 다비드〉 1900–1907년 유화 캔버스 유대박물관, 베를린, 독일

우리는 19세기 말에 고조된 시오니즘에 공감하여, 유대교 성전인 구약성서를 주제로 한 여러 작품을 제작했습니다. 나치에 의해 봉쇄된 베를린 유대인 박물관의 옛 소장품 중 일부도 이스라엘 박물관에 소장되어 있습니다.

레오 레세르 우리
〈붉은 옷을 입은 카페의 소녀〉
1911년 유화 캔버스 57×64㎝
구국립미술관, 베를린, 독일

20세기 초반 베를린에서는 카페나 카바레 문화가 번성했습니다. 웨이트리스나 댄서들이 인기를 끌었고, 우리도 그들을 자주 작품의 소재로 삼았습니다.

레오 레세르 우리

유튜브
동영상 해설

너무 빨랐던 '낙원행'

> 우리는 어디에서 왔는가?
> 우리는 누구인가?
> 우리는 어디로 가는가?

타히티에서 한몫 잡고 말겠어!

유복한 증권 중개인으로서 취미로 그림을 그리거나 수집하던 고갱은, 금융 공황을 계기로 전업 화가로 전향하자마자 갑자기 극빈 생활에 처하게 되었습니다. 물가가 저렴한 브르타뉴 지역에서 젊은 화가들과 함께 살면서 독자적인 화풍을 확립했습니다.

하지만 아를에서 고흐와 짧은 공동생활을 보낸 후 브르타뉴로 돌아왔으나, 작품은 팔리지 않았고, 나비파 화가들을 모아 파리 만국박람회에서 연 그룹전도 실패로 끝났습니다. 여러 시도를 해 본 끝에 고갱은 누구도 시도하지 않은 주제를 통해 큰 성공을 노리기 위해 먼 타히티로 여행을 떠났습니다.

폴 고갱 (1848–1903)

유년 시절을 페루에서 보낸 고갱은 선원과 해병을 거쳐 증권 중개인으로 성공했습니다. 취미로 그림을 그리며 살롱에 입선하고 인상파전에 참가하기도 했지만, 중개인 일을 그만두고 전업 화가로 나선 후 운이 급격히 나빠졌습니다. 모든 일이 뜻대로 되지 않았고, 아내마저 아이들을 데리고 친정으로 돌아갔습니다.

폴 고갱 〈자화상〉
1902–1903년 유화 캔버스 42×25cm
바젤시립미술관, 바젤, 스위스

이 작품은 고갱이 1889년 파리에서 열린 식민지 박람회를 보던 시점에 이미 서양회화와 '원시 미술'의 융합을 구상하고 있었음을 시사하고 있습니다.

폴 고갱 〈이국의 이브〉
1890–1894년 유화 종이 42.8×25.1cm
폴라미술관, 카나가와현, 일본

▶ 파리 시절부터 구상했던 '원시의 이브'는 타히티에서 만난 13세의 테하마나를 모델로 완성되었습니다. 그녀는 고갱의 현지 아내였습니다. 작품 속의 포즈는 식민지 박람회에서 본 보로부두르 유적의 불교 조각에서 영감을 얻은 것입니다. 이브는 뱀이 아닌 붉은 날개를 가진 검은 도마뱀에게 유혹당해 사과가 아닌 꽃을 따고 있습니다.

폴 고갱 〈테 나베 나베 페누아 (환희의 땅)〉
1892년 유화 캔버스 91.3×72.1cm
오하라미술관, 오카야마현, 일본

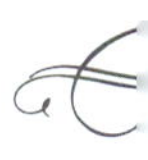

폴 고갱 〈이아 오라나 마리아 (마리아 예찬)〉 1891년 유화 캔버스 113.7×87.7㎝ 메트로폴리탄미술관, 뉴욕, 미국

성모자의 후광에는 서양회화의 기법이 남아 있습니다. 고갱은 타히티에서 그린 대부분의 작품에 현지어 제목을 붙였습니다.

너무 이른 '문명과 원시의 융합'

1891년 타히티에 도착한 고갱은 서양 회화의 주제를 '원시적인' 남국의 풍경과 민속 문화와 융합시켰습니다. 그는 '원시의 성모자', 13세 현지 아내를 모델로 한 '원시의 이브', 타히티 토속 신앙을 바탕으로 한 '원시의 올랭피아' 등을 잇달아 그렸습니다. 이러한 작품들에 대한 확신을 가지고 2년 후 귀국했지만, 20세기 초 원시미술 붐을 앞서간 그의 걸작들은 파리 미술계에서 이해받기에는 너무 이른 시기였습니다.

정말 긴 제목을 가진 큰 작품을 유작으로

생계가 어려워진 고갱은 1895년, 이번에는 영주할 각오로 다시 타히티로 떠났습니다. 그러나 두 번째 체류는 불운의 연속이었습니다. 건강 악화, 새로운 현지 아내의 사산, 그리고 본처의 친정에 맡겨둔 딸의 사망 소식에 큰 충격을 받아서 자살을 시도하기까지 이릅니다. 그때 유언 대신 그린 작품이 기독교 재단화 형식을 차용하여 타히티의 윤회사상을 표현한 대작 〈우리는 어디에서 왔는가?~〉입니다.

죽음에 이르지 못한 고갱은 1901년에 히바 오아섬으로 이주합니다. 오래된 상처로 인한 고통에 모르핀에 의존하게 되었고, 창작 의욕이 약해지면서 과거를 회상하는 작품을 그리다 1903년에 세상을 떠났습니다. 아이러니하게도 파리로 보낸 그의 작품들이 주목받기 시작한 것은 그때였습니다.

사람은 모두, 태어나서 죄를 짓고 죽는 것을 영원히 반복한다

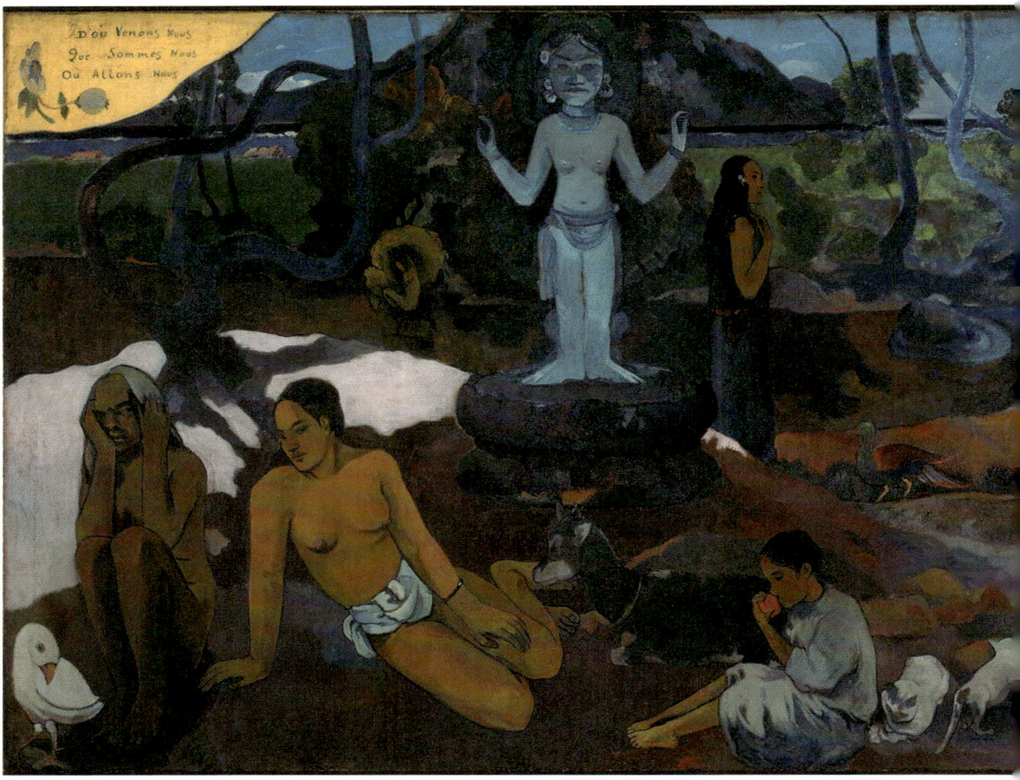

이 작품에서는 기독교 제단화와 반대로 시간이 오른쪽에서 왼쪽으로 흐릅니다. 오른쪽에는 천진난만한 아기가 있고, 중앙에서는 지혜의 열매를 따며 죄를 짓고, 왼쪽에서는 타히티의 달의 신 아래에서 다시 태어나 윤회를 반복합니다. 이는 최후의 심판을 강조하는 기독교의 직선적인 시간관과는 달리, 영원히 반복되는 순환적 시간관을 보여줍니다. 작품의 제목은 칼라일의 '의상철학'에서 인용한 것입니다.

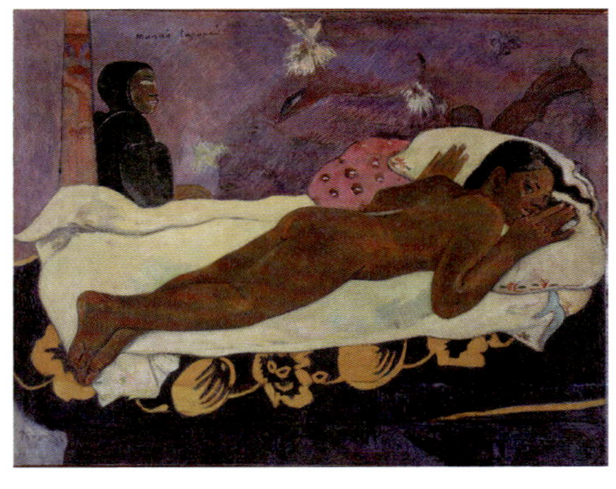

고갱이 타히티로 인쇄물을 가져갈 정도로 존경했던 마네의 〈올랭피아〉에 대한 오마주로, 토속신앙에 따라 죽은 자의 영혼을 두려워하는 그의 현지 아내를 그린 작품인 '원시 올랭피아'입니다.

폴 고갱
〈마나오 투파파우 (죽은 자의 혼이 지켜본다)〉
1892년 유화 캔버스 72.4×92.4㎝
울브라이트 녹스미술관, 버팔로, 미국

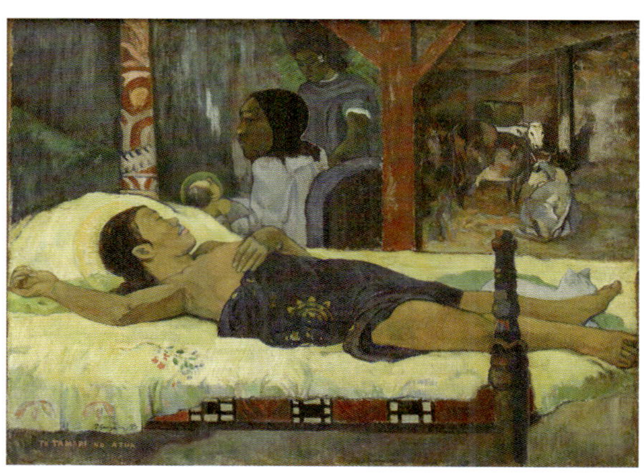

폴 고갱 〈우리는 어디에서 왔는가? 우리는 누구인가? 우리는 어디로 가는가?〉
1897–1898년 유화 캔버스 139.1×374.6㎝ 보스턴미술관, 보스턴, 미국

두 번째 타히티 체류 중, 14세에 고갱의 현지 아내가 된 파후라는 15세에 여자아이를 사산했습니다. 작품의 제목인 〈신의 아이 탄생〉은, 아무런 죄 없이 세상을 떠난 그 아기를 그리스도의 수난에 비유했을 가능성이 있습니다.

폴 고갱
〈테 타마리 노 아투아(신의 아이 탄생)〉
1896년 유화 캔버스 96×128㎝
노이에피나코텍, 뮌헨, 독일

미술계 거물들을 경악하게 한 위작 사건

오토 바커

1898년 태어난 전직 댄서였던 그는, 1925년 베를린에서 화랑을 열었습니다. 그는 화가였던 아버지와 남동생이 그린 위작을 망명한 러시아 부호의 소장품이라고 속여 판매했습니다. 1932년 재판에서 사기죄가 입증되어 19개월의 금고형과 30만 라이히스마르크의 벌금을 선고받았습니다.

재판에서 촬영된
오토 바커

오하라미술관이 소장한 위작 〈알피유의 길〉과 그 본보기로 추정되는 진품 〈생레미의 포플러 두 그루〉. 두 작품을 나란히 비교해보면, 진짜 고흐의 작품에서는 붓의 움직임에 망설임이 없다는 것을 알 수 있습니다.

빈센트 반 고흐 〈생레미의 포플러 두 그루〉
1880년 유화 천 61.6×45.7㎝
클리블랜드미술관, 클리블랜드, 미국

사람들을 감동시켜 온 위작

일본 고흐 연구의 최고 권위자인 오사카대학 코데라 츠카사 교수는 학생 시절 쿠라시키의 오하라 미술관에서 〈알피유의 길〉을 보고 깊은 감동을 받았으나, 나중에 그 작품이 위작임을 알고 큰 충격을 받았다고 합니다.

오하라 미술관이 1935년에 이 위작을 구입한 이유는 고흐의 '총작품목록'을 편찬한 세계적 권위자 드 라 파일의 보증이 있었기 때문입니다. 그러나 바로 이 점이야말로 오토 바커라는 전설적인 위작 미술상의 교묘한 수법이었습니다.

농락당한 거물들

바커는 미술계의 거물들을 교묘하게 이용해 남동생과 아버지가 그린 위작을 진품으로 인정받았습니다. 그러나 1928년, 드 라 파일의 '총작품목록' 출판 기념전에 내놓은 33점의 작품이 결국 위작으로 판명되었습니다.

이로 인해 가장 당황한 사람들은 보증을 서준 미술계의 거물들이었습니다. 1932년에 시작된 재판에서 그들이 자기 변호를 위해 진위 판단을 애매하게 한 탓에, 바커의 위작들은 전세계로 퍼져 나가 여러 미술관에 소장되었습니다.

바커가 회유한 미술계의 권위자

야콥 바르트 드 라 파일

1938년경에 촬영된 드 라 파일의 초상 사진

네덜란드 출신의 미술사 연구가. 1928년에 그가 편찬한 고흐의 '총작품목록'은 이후에도 여러 차례 개정되었으며, 현재도 중요한 기초 문헌 중 하나로 평가받고 있습니다.

사건이 발각된 후, 그는 즉시 위작 목록을 작품 목록에 추가했지만, 재판에서는 33점 중 5점은 진품이라고 증언해 혼란을 초래했습니다.

오하라 미술관의 〈알피유의 길〉처럼, 드 라 파일이 진품으로 재인정한 5점 중 하나입니다. 그러나 네덜란드 반 고흐 위원회가 이를 위작으로 판정하여 1970년에 발행한 '총작품목록'에서 제외되었습니다.

헨크 브레머

벨타 반 하셀트
〈헨크 브레머의 초상〉 1921년
유화 캔버스 36.5×29cm
크뢸러뮐러미술관, 에데, 네덜란드

화가, 평론가, 수집가, 미술 교사로서 네덜란드 미술계에서 '제왕'으로 불릴 정도로 큰 권세를 자랑하며, 크뢸러 뮐러 미술관의 고문으로서 작품 구입 선정에도 관여했습니다.

끝까지 자신의 실수를 인정하지 않았고, 자신의 감정이 올바르다는 것을 증명하기 위해 바커의 위작을 다시 사들이며 일을 더욱 크게 만들었습니다.

브레머가 위작임을 인정하지 않고 크뢸러 뮐러 미술관에 구입하게 한 작품. 현재 같은 미술관 홈페이지에 바커의 남동생 레옹 하르트의 작품으로 기재되어 있습니다.

율리우스 마이어 그레페

로비스 콜린트
〈율리우스 마이어 그레페의 초상〉
1917년 유화 캔버스 90.4×70.4cm
오르세미술관, 파리, 프랑스

포스트 인상주의와 표현주의에 대한 평론으로 세계적으로 알려진 독일의 미술평론가로, 고흐의 전기도 집필했습니다. 유대계 출신으로, 나치가 대두한 후 프랑스로 이주해 생활하다가 스위스에서 사망했습니다.

재판에서는 바커의 위작을 진품이라고 증언했으나, 이후 "전문가도 실수할 수 있지 않느냐!"며 정색하며 변명했습니다.

유튜브
동영상 해설

John William Waterhouse

워터하우스

1849–1917

죽음의 여정에 나서는
아름다운 공주

샬롯의 여인

존 윌리엄 워터하우스 〈율리시스와 세이렌들〉 1891년 유화 캔버스 100.6×202cm
빅토리아국립미술관, 멜버른, 오스트레일리아

2018년에 누드화가 여성 차별이라는 비판을 받아서 곤란했지!

존 윌리엄 워터하우스 (1849–1917)

화가였던 부모님이 유학 중이던 로마에서 태어
나, 귀국 후 왕립 미술아카데미 부속학교를 졸업
했습니다. 그는 고전주의적인 역사화를 그리며
아카데미즘의 정통을 따랐고, '늦은 라파엘전파'
라고도 불렸습니다.

1886년경에 촬영된 존 윌리엄 워터하우스의 초상 사진

John William Waterhouse

세이렌은 종종 '마성의 여자'를 상징으로 인어 모습으로 그려지지만, 워터하우스는 그리스 신화에 충실하게 반인반조의 모습으로 묘사했습니다. 그의 세이렌은 눈에 광기가 서려 있습니다.

유해를 선편으로 보내다

〈샬롯의 여인〉은 아서왕 전설에서 유래한 중세의 기사도 이야기입니다. 샬롯 성에 사는 공주는 성 밖 세상을 직접 보면 죽는다는 저주에 걸려, 탑에 갇혀 천을 짜며 거울에 비친 풍경만을 바라봅니다. 그러나 어느 날, 지나가던 잘생긴 기사에게 사랑에 빠져 목숨을 걸고 직접 세상을 보게 됩니다. 죽음을 각오한 공주는 흰 소복을 입고, 기사가 사는 곳으로 흘러가는 강에 몸을 맡겨, 결국 아름다운 유해가 되어 사랑하는 이 곁에 도착합니다.

존 윌리엄 워터하우스 〈샬롯의 여인〉
1888년 유화 캔버스 153×200㎝ 테이트브리튼, 런던, 영국

죽어서라도 당신 곁으로 가겠습니다

공주를 미치게 만든 멋진 남자는 아서왕 원탁의 기사 중 한 명으로, 나중에 왕비와의 불륜으로 나라를 위기에 빠트린 '마성의 기사' 랜슬롯이었습니다. 공주의 시신은 강을 따라 무사히 수도 카멜롯으로 흘러가 그녀의 바람대로 랜슬롯과 마주하게 되었지만, 랜슬롯은 공주를 알지 못한 채 "참으로 아름다운 얼굴이구나. 신의 가호가 있기를."이라고 중얼거렸을 뿐이었다고 합니다.

John William Waterhouse

마성이라기보다는 오히려 광란

　이 이야기를 바탕으로 영국 시인 테니슨이 1883년에 쓴 시가 이 작품의 모티브가 되었습니다. 작가 워터하우스는 고전주의의 왕도를 걸으며 라파엘 전파를 계승한 '운명의 여인'을 그린 화가입니다. 그는 남자를 파멸로 이끄는 '마성의 여인'이라기보다, 사랑과 증오에 사로잡혀 자신을 잃는 '광란의 여인'를 그리는 데 뛰어났습니다. 이 작품에서도 덧없는 사랑에 미쳐 목숨을 버린 공주의 비장한 각오가 담긴 표정이 인상적으로 표현되어 있습니다.

알프레드 테니슨

빅토리아 왕조 시대에 계관시인으로 임명되어 왕실의 중요한 행사에서 시를 노래하고, 남작 칭호를 받은 대문호였지만, 젊은 시절 〈샬롯의 여인〉이 혹평을 받아 약 10년간 실의에 빠졌던 시기도 있었다고 합니다.

알프레드 테니슨의 초상 사진

오필리아 같은 샬롯의 여인

라파엘 전파의 밀레이도 〈샬롯의 여인〉을 그렸지만, 이미 죽은 상태에다 배가 너무 작아서 그저 물에 떠 있는 듯한 모습으로 보입니다. 밀레이는 이 작품에서도 '죽음'을 주제로 표현하고 있습니다.

존 에버렛 밀레이 〈샬롯의 여인〉
1854년 잉크 종이 16×24.6㎝
남호주미술관, 애들레이드, 오스트레일리아

존 윌리엄 워터하우스

존 윌리엄 워터하우스 〈랜슬롯을 바라보는 샬롯의 여인〉
1894년 유화 캔버스 142.2×86.3㎝ 리즈미술관, 리즈, 영국

공주의 뒤편에는 금이 간 거울에 비친 기사의 모습이 보입니다. 죽음을 각오하고 거울을 깨뜨린 후 랜슬롯을 직접 바라보는 순간입니다. 끝까지 그를 응시하는 광기 어린 눈의 묘사는 워터하우스의 진정한 예술적 역량을 보여줍니다.

John William Waterhouse

존 윌리엄 워터하우스 〈거울 속 세상에는 이제 질렸다고 샬롯의 여인은 말했다〉
1915년 유화 캔버스 100.3×73.7㎝ 온타리오미술관, 토론토, 캐나다

탑에 갇혀 천을 짜며 거울 속 모습을 바라보는 나날을 보내던 그녀는 점점 권태감이 쌓여가며 광기의 싹을 키워갔습니다. 그러다 랜슬롯에 대한 사랑을 계기로 그 감정이 폭발하여, 결국 그녀는 죽음으로 내몰리게 됩니다.

존 윌리엄 워터하우스 〈오필리아〉
1910년 유화 캔버스 119×71㎝ 개인소장

강에서 죽기 전에
이미 정신이 나가 있었네!

John William Waterhouse

존 윌리엄 워터하우스 〈오필리아〉 1889년 유화 캔버스 97.8×158.1㎝ 개인소장

워터하우스보다 먼저 〈샬롯의 여인〉을
그린 라파엘 전파 화가는 밀레이만이 아
니었습니다. 헌트의 이 작품은 판화로도
제작되어 테니슨 시집의 삽화로 사용되
기도 했습니다.

윌리엄 홀먼 헌트 〈샬롯의 여인〉
1905년 유화 캔버스 188.3×146.4㎝
워즈워스 아테네움미술관, 하트퍼드, 미국

죽음보다 광기를 그리고 싶었다

라파엘전파의 화가들 중에는 강에서 죽는 여
인을 그린 작품이 많습니다. 이는 지방에서 런던
으로 올라와 몸을 망치고 템스강에 몸을 던지는
여성들이 사회 문제로 대두되었던 배경을 반영한
것이라고 합니다.

반면, 라파엘전파보다 한 세대 뒤의 워터하우
스는 오필리아를 그리면서도 죽기 직전 강이 아
닌 들판을 헤매며 뒹구는 장면을 즐겨 선택했습
니다. 〈샬롯의 여인〉도 사실 탑 속에서 사랑에
빠지는 순간을 묘사한 작품들이 많으며, P256에
나오는 작품도 공주의 죽음 그 자체를 그린 것은
아닙니다. 워터하우스의 관심은 죽음이나 사회
문제보다는, 오히려 광기의 묘사에 있었을 가능
성이 큽니다.

유튜브
동영상 해설

Fernand Khnopff

크노프
1858-1921

표범무늬 스핑크스의 정체는?

애무

페르낭 크노프 〈애무〉
1896년 유화 캔버스 50.5×151㎝
벨기에왕립미술관, 브뤼셀, 벨기에

모로의 작품에 영향을 받았지만, 크노프는 남자를 파멸로 이끄는 '마성의 여인' 대신 예술적 영감을 주는
뮤즈로서 스핑크스를 창조했습니다. 스핑크스의 몸을 사자나 독수리가 아닌 표범으로 그린 이유는, 크노
프가 심취했던 신비주의 사상에서 표범이 달의 신과 술의 신의 변신한 모습으로, 예술적 세계를 상징하는
생물로 여겨졌기 때문입니다.

비슷한 사람끼리 서로 뺨을 맞대고

그리스 신화에서 여성의 상반신에 독수리의 날개와 사자의 하반신을 지닌 스핑크스
는, 수수께끼를 풀지 못하는 여행자를 잡아먹는 괴물로 묘사됩니다. 19세기 말 화가
들은 이 스핑크스를 '마성의 여인'을 상징하는 주제로 즐겨 그렸습니다. 그 중에서도
크노프의 이 작품이 특히 뛰어납니다.

치타 무늬의 동물은 아마도 달의 신이나 술의 신이 변신한 표범을 염두에 두고 그린
것으로 보입니다. 스핑크스의 얼굴은 여성이며, 제목 〈애무〉처럼 수수께끼를 푼 오이
디푸스에게 다정하게 뺨을 맞대고 있습니다. 또한, 두 인물의 얼굴은 양성적인 느낌을
풍기며 서로 닮아있습니다.

Fernand Khnopff

1900년경에 촬영된
페르낭 크노프의 초상 사진

페르낭 크노프 (1858–1921)

벨기에 상징주의를 대표하는 화가 중 한 명입니다. 검사였던 아버지의 뜻에 따라 법학부에 입학했지만, 화가가 되고 싶어 브뤼셀 왕립 미술아카데미에 들어갔습니다. 파리를 방문해 모로의 상징주의에 깊은 영향을 받았고, 앙소르 등과 함께 '20인회'를 결성했습니다.

크노프에게 영향을 준 모로의 작품은 그리스 신화에서 단순한 식인 괴물로 묘사되었던 스핑크스를, 남자를 유혹하여 파멸로 이끄는 '마성의 여인'으로 변모시켰습니다. 이 작품은 19세기 말 스핑크스 열풍을 불러일으킨 기념비적인 걸작입니다.

귀스타브 모로 〈오이디푸스와 스핑크스〉
1864년 유화 캔버스 206.4×104.8cm
메트로폴리탄미술관, 뉴욕, 미국

페르낭 크노프 〈버려진 거리〉 1904년 파스텔과 크레용 종이 78×69㎝ 벨기에왕립미술관, 브뤼셀, 벨기에

크노프가 유년 시절을 보낸 당시의 브뤼헤는, 시인 로덴바흐가 '죽음의 도시'라고 부른 것에서 알 수 있듯이, 과거의 번영을 그리워하는 쇠락한 옛 도시였습니다. 이곳에서의 우울한 나날들이 크노프에게 염세적인 세계관을 깊게 형성했습니다.

조세핀 펠라당

'장미 십자단'을 이끌며 크노프에게 큰 영향을 준 프랑스의 신비 사상가입니다. 그는 미술 평론가로서 활동하며 '장미 십자 살롱'이라는 전람회를 주최했으며, 크노프도 여러 차례 이 전시회에 작품을 출품했습니다.

1890년 전후에 촬영된 조세핀 펠라당의 초상 사진

Fernand Khnopff

데뷔 때부터 그를 지원해 준 시인 베르하렌에게 바친 작품입니다. 여기서 스핑크스의 몸은 용맹을 상징하는 호랑이로 표현되어 있습니다. 여동생 이외의 성인 여성과 교류하는 것을 어려워했던 크노프는 종종 여성을 무서운 짐승의 모습으로 그리곤 했습니다.

페르낭 크노프 〈베르하렌과 함께 – 천사〉
1889년 연필 종이 흰색연필 27×15.1㎝
슈테델미술관, 프랑크푸르트, 독일

여동생 이외의 성인 여성은
짐승 같아서 무서워

펠라당의 영향을 받아 오컬트적인 의식을 좋아했던 크노프. 비밀 종교의 사제 같은 의상을 입은 이 작품의 모델은 그의 사랑하는 여동생으로, 당시 38세였지만, 오빠가 그린 그림 속에서는 영원한 젊음을 간직하고 있습니다.

페르낭 크노프 〈향〉
1898년 유화 캔버스 56×50㎝
오르세미술관, 파리, 프랑스

페르낭 크노프

페르낭 크노프 〈반 델 헥트 양의 초상〉 1883년 유화 캔버스 벨기에왕립미술관, 브뤼셀, 벨기에

성인 여성과의 교류는 어려워했지만, 순수한 소녀들에게는 거부감이 없었습니다. 크노프는 소녀의 초상화를 몇 점 남겼는데, 그들 모두 현실에 존재하지 않을 것 같은 허무한 분위기를 띠고 있습니다.

여동생이 정말 좋아!

이 작품은 〈봉헌〉이라는 제목이 붙어 있으며, 얼굴 부분은 〈애무〉의 스핑크스와도 닮아 있습니다. 두 작품 모두 마르그리트를 모델로 그렸다는 것을 알 수 있습니다.

페르낭 크노프 〈봉헌〉(부분)
1891년 파스텔과 목탄, 초크, 종이
메트로폴리탄미술관, 뉴욕, 미국

Fernand Khnopff

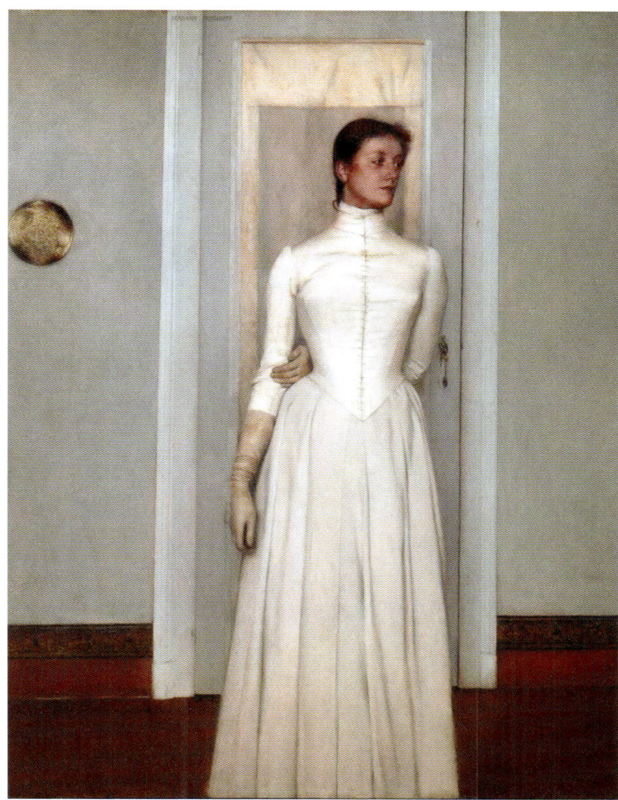

페르낭 크노프
〈마르그리트 크노프의 초상〉
1887년 유화 캔버스 96×74.5cm
개인소장

크노프는 20세 무렵의 마르그
리트를 그린 이 초상화를 평생
자신의 방에 걸어두었습니다.
다른 여성을 모델로 그려도 얼
굴이 마르그리트를 닮아버릴
정도로 그녀에 대한 집착이 깊
었습니다.

여성성과 남성성의 신성한 조화

〈애무〉의 스핑크스 얼굴 모델은 크노프보다 6살 어린 여동생 마르그리트입니다. 그
리고 스핑크스와 닮은 오이디푸스는 오빠인 자신을 투영한 것으로도 볼 수 있습니다.

그는 마르그리트를 모델로 많은 작품을 그렸는데, 이는 단순히 여동생을 사랑했기
때문이 아니라, 그녀를 '여성의 모습을 한 자신의 분신'으로 여겼기 때문입니다. 여동
생의 모습을 한 스핑크스와 자신을 투영한 오이디푸스가 함께 있는 〈애무〉는, 크노프
내면의 남성성과 여성성의 조화를 상징하는 작품이라 할 수 있습니다.

그 증거로 〈애무〉에는 〈예술〉이라는 부제가 붙어 있습니다. 그가 심취했던 신비주
의 사상에서는 남성 원리와 여성 원리의 융합이야말로 가장 높은 수준의 예술로 여겨
졌을 것입니다.

유튜브
동영상 해설

Giovanni Segantini

세간티니

1858–1899

밝고 맑게 퍼지는 고원의 공기

알프스의 한낮

불행의 나락에서 정상을 향해서

세간티니만큼 불행한 삶을 산 화가는 드뭅니다. 부모님은 그를 돌보지 못한 채 일찍 세상을 떠났고, 그를 맡아준 누나에게서는 학대를 받았습니다. 또한, 누나가 국적 변경 절차를 중간에 포기하면서 그는 12살에 노숙자가 되었습니다. 절도죄로 소년원에 수감되었지만, 그곳에서 카톨릭 신부에게 그림 재능을 인정받아 비로소 삶의 길이 열리기 시작했습니다. 그러나 30세가 넘도록 글을 읽고 쓸 수 없었고, 평생 무국적자로 살아야 했습니다.

그럼에도 타고난 그림 재능 덕분에 17세에 미술학교에 입학하고, 불과 4년 뒤에는 밀라노 미술협회가 그의 작품을 구입하면서 화단에 데뷔하게 되었습니다. 그는 평생의 반려자를 만나지만, 국적이 없어서 혼인 신고는 하지 못했고, 사람들의 시선을 피해 교외로 나가 살았습니다. 마침 프랑스 바르비종파와 인상파의 영향을 받아 야외에서 제작을 시작한 세간티니는 산에서의 삶에 매료되어 점차 높은 곳으로 거처를 옮기며 살아갔습니다.

28세 때, 해발 1200m의 스위스령 사보닌으로 이사했습니다. 세간티니는 3남 1녀와 함께 행복한 생활을 하며 〈알프스의 한낮〉을 그렸습니다. 이 작품은 직사광선 아래에서 펼쳐지는 시원한 고원지대의 신선하고 맑은 공기를, 섬뜩할 정도로 밝고 선명한 광경으로 표현했습니다. 세간티니는 이를 신인상주의의 점묘법을 자신만의 방식으로 발전시킨 '선점묘' 기법을 사용해 탁월하게 그려냈습니다.

조반니 세간티니 (1858-1899)

오스트리아령 아르코에서 태어난 이탈리아인인 그는, 누나가 국적 변경 절차를 중도에 포기하는 바람에 무국적자가 되었습니다. 교육을 받지 못한 그는 부인의 도움으로 글을 익히게 되었는데, 부인이 그림을 그리는 그의 옆에서 책을 읽어주며 글자를 가르쳐주었습니다. 그렇게 그는 30세가 넘어서야 겨우 읽고 쓰는 것이 가능해졌습니다.

1882년에 촬영된 조반니 세간티니의 초상 사진

조반니 세간티니 〈알프스의 한낮〉 1892년 유화 캔버스 85.5×79.5㎝ 오하라미술관, 오카야마현, 일본

놀라울 만큼 밝게 표현된 이유는 물감을 섞지 않고, 실처럼 가늘고 긴 선을 나열하는 방식으로 그렸기 때문입니다. 쇠라 등이 광학 이론을 바탕으로 점묘법을 통해 밝음을 구현했다면, 세간티니는 경험에 토대로 '선점묘' 기법을 통해 이를 뛰어넘는 밝음을 만들어냈습니다.

조반니 세간티니 〈성 안토니오 성당의 성단소〉 1879년 유화 캔버스

브레라 미술아카데미에 입학한 지 4년 만에 밀라노 미술협회가 구입한 그의 출세작입니
다. 이때 이미 고전 기법에 있어서는 완성의 경지에 도달한 것으로 보입니다.

Giovanni Segantini

조반니 세간티니 〈호수를 건너는 아베마리아〉
1886년 유화 캔버스 120×93㎝
세간티니미술관, 생 모리츠, 스위스

1893년 암스테르담 만국박람회에서 금상을 수상한 작품의 두
번째 버전입니다. 인상파 같은 느낌의 필촉분할 기법을 도입
한 반사광 표현이 뛰어합니다.

악을 정화하는 눈과 얼음의 땅

나쁜 어머니들

Giovanni Segantini

'나쁜 어머니'를 붙잡고 있는 나무는 일종의 태아의 영혼을 상징합니다. 나뭇가지에 아기 얼굴이 나타나 젖을 먹는 기이한 광경은 불교 시(詩) '너바나'에서 묘사된 장면과 비슷하지만, 이를 스위스 알프스를 배경으로 설정한 것은 세간티니의 독창적인 해석입니다. 먼 곳에도 '처형의 나무'들이 늘어선 모습이 보입니다.

조반니 세간티니 〈나쁜 어머니들〉
1894년 유화 캔버스 120×225cm
오스트리아갤러리, 빈. 오스트리아

어머니, 왜 저를 죽였나요? 젖을 물려주세요

조반니 세간티니 〈음탕한 여인들에 대한 징벌〉 1896–1897년 유화 캔버스 40×74cm 취리히미술관, 취리히, 스위스

얼음 계곡의 허공에 떠 있는 '음탕한 여인들'은 아마도 원치 않은 임신을 한 상황일 것입니다. 소리도 시간도 없는 얼어붙은 세상에 갇힌 그녀들에 대한 '징벌'은 과연 영원히 계속될까요? 정답은 다음 페이지에서 확인하세요!

'나쁜 여자들'의 열반

세간티니가 그린 스위스 알프스의 고원지대는 단순히 아름답고 목가적이지만은 않습니다. "맑은 물에는 물고기가 살지 못한다."라는 말처럼, 지나치게 깨끗한 공기에서는 생명의 기운조차 희미하게 느껴집니다. 특히 눈과 얼음으로 덮인 겨울에는 더욱 그렇습니다.

그의 시인 친구가 번역한 12세기 인도의 불교의 시 '너바나(열반)'에서 영감을 받아, 자신을 버린 어머니에 대한 복잡한 감정을 담아 '나쁜 어머니들 4부작'을 그렸습니다. 이 작품들에서는 열반, 즉 저세상의 이미지로 알프스의 겨울을 묘사했습니다.

악을 정화하고 용서하는 정토

마른 나무에 얽힌 가지에서 태어난 아기에게 젖을 물리고 있는 존재는 아이를 낙태한 '나쁜 어머니들'입니다. 얼음 계곡의 허공에 떠 있는 것은 '음탕한 여인들'이며, 소

Giovanni Segantini

괜찮아요. 우리들은 당신을 용서할거에요

조반니 세간티니 〈생명의 천사〉
1894년 유화 캔버스 276×217㎝
밀라노시립근대미술관, 밀라노, 이탈리아

조반니 세간티니 〈사랑의 열매〉
1889년 유화 캔버스 87.5×57㎝
라이프치히 조형예술박물관, 라이프치히

리도 시간도 없는 얼어있는 황야 속에서 그녀들에 대한 '징벌'은 영원히 지속될 것처럼 보입니다.

그러나, 세간티니가 그린 알프스의 겨울은 지옥이 아닌 열반의 세계입니다. 그것은 단순히 악을 벌하는 것이 아니라, 정화하는 정토이기도 합니다. 이를 나타내기 위해, 세간티니는 '나쁜 어머니들'을 용서하는 성모와 천사를 그려 작품을 4부작으로 완성했습니다. 그가 그린 작품은, 자신을 낳고 방임한 채 세상을 떠난 어머니를 용서하는 그의 마음을 담은 듯합니다.

알프스의 겨울에서 정토를 떠올린 세간티니는 더욱 높은 고원으로 옮겨가 해발 2647m의 샤프베르크 산 위에 지운 오두막에서 '알프스 3부작'을 완성했고, 41세의 젊은 나이에 생을 마감했습니다.

조반니 세간티니 〈삶〉 1898–1899년 유화 캔버스 190×320㎝ 세간티니미술관, 생 모리츠, 스위스

알프스 삼부작

1900년 파리 만국박람회에서 알프스의 360° 파노라마관에 전시하려 했던 스폰서의 계획이 자금 부족으로
좌절되면서, 작품은 3부작으로 마무리되었습니다. 이 작품들은 태어나고, 살고, 죽어가는 생명의 순환을
훌륭하게 표현해냈습니다.

    Giovanni Segantini

조반니 세간티니 〈자연〉 1898-1899년 유화 캔버스 235×400㎝ 세간티니미술관, 생 모리츠, 스위스

조반니 세간티니 〈죽음〉 1898-1899년 유화 캔버스 190×320㎝ 세간티니미술관, 생 모리츠, 스위스

유튜브
동영상 해설

Niko Pirosmani

피로스마니

1862경-1918

국민 화가의 영광과 비참함

여배우 마르가리타

니코 피로스마니 〈카헤티의 철도〉 제작연도 미상, 유화 오일클로스 70×140.3cm 조지아국립미술관, 트빌리시, 조지아

피로스마니의 생애에서 공식 기록에 남아 있는 유일한 직업은 화물 철도의 차장이었습니다. 그의 고향인 조지아 동부 카헤티 지방은 와인 산지로 유명합니다. 화물로 술 주머니나 술 항아리가 바닥에 놓여 있지만, 이상하게도 열차는 모두 객차로 이루어져 있습니다.

니코 피로스마니 (1862경–1918)

조지아 카헤티 지역의 미르자니에서 태어났으며, 약 8세에 부모님과 사별한 후 수도 트빌리시의 친척에게서 자랐습니다. 이후 인쇄공, 간판 화가, 철도원, 유제품 가게 운영 등을 거쳐 화가의 길을 걷게 되었습니다.

1916년에 촬영된
니코 피로스마니의 초상 사진

빈곤 속에서 생을 마감한 국민 화가

피로스마니는 라트비아 가곡 '백만 송이 장미'의 주인공입니다. 〈여배우 마르가리타〉는 그가 사랑하여 백만 송이 장미를 보냈다고 전해지는 대상입니다.

지금은 조지아의 국민 화가로 지폐나 와인 라벨에 그의 그림이 담겨 있지만, 생전의 피로스마니는 참으로 정말 불운한 삶을 살았습니다. 태어난 해조차 알 수 없고, 어린 시절 부모를 잃고 고생 끝에 화가가 되었으나, 원치 않은 추앙과 비난을 오가며 결국 빈곤 속에서 고독하게 생을 마감했습니다.

니코 피로스마니
〈메리튼 치헤이제의 초상〉
1906년, 유화 109.5×70㎝
조지아국립미술관, 트빌리시, 조지아

민족의상을 입고 동물 뿔로 만든 깐지(술잔)를 들고 있는 사람은 아마도 귀족 계급의 남성일 것입니다. 이 작품은 초상화 형식으로 그려진 것으로 보입니다.

조지아는 와인뿐만 아니라 맥주로도 유명합니다. 피로스마니는 선술집 등의 간판 디자인을 잘하여, 종종 술값 대신에 그려주곤 했습니다.

만찬은 이 나라의 전통문화입니다!

니코 피로스마니
〈가족의 피크닉〉
1907년 유화
오일클로스 캔버스
71×104㎝
조지아국립미술관
트빌리시, 조지아

조지아의 전통문화인 '수프라(테이블 보)'라고 부르는 만찬은 지금도 활발이 이어지고 있습니다. 피로스마니는 수프라 장면을 자주 그렸는데, 이는 가족과 친구들의 집단 초상화로서의 수요도 있었던 것으로 보입니다. 이 작품은 그가 신세를 졌던 야키에프 가문의 수프라 장면을 그린 것입니다.

니코 피로스마니

니코 피로스마니 〈여배우 마르가리타〉
1909년, 유화 오일클로스
116×94㎝ 조지아국립미술관, 트빌리시, 조지아

백만 송이는 아니지만
한 다발 정도는 받았던 기억이...

이 작품은 가곡 '백만 송이 장미'에 등장하는 여배우의 이미지의 원천이 된 작품입니다. 피로스마니가 만들어 낸 '상상 속의 연인'이라는 설도 있지만, 1969년 파리에서 열린 전람회에서 이 작품을 본 프랑스인 여배우가 "이것은 나인 것 같군요. 당시 조지아에 간 적이 있어요."라고 말했다고 합니다.

앙리 루소와 공통된 '사차원적인' 요소

1. 아이가 귀엽지 않다

2. 여성이 요염하지 않다

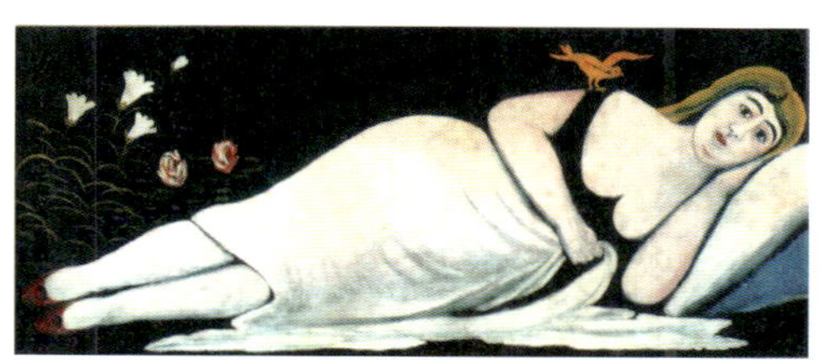

'귀엽다'는 감정은 보통 자신보다 약한 상대에게 품는 감정입니다. '사차원적인' 화가는 어린 아이조차도 자신과 대등한 존재로 여기는 듯합니다.

니코 피로스마니
〈빨간 풍선을 든 소녀〉
1910–1912년
유화 카드보드 65×41㎝
조지아국립미술관
트빌리시, 조지아

수도 트빌리시 오르타찰라의 홍등가 여성을 그렸지만, 전혀 관능적으로 보이지 않습니다. 단순히 여성을 여성으로만 묘사한 것으로 만족한 것일까요?

니코 피로스마니
〈오르타찰라의 여인〉
1905년 유화 오일클로스
52×117.5㎝
조지아국립미술관
트빌리시, 조지아

3. 어딘가 이상한 동물

볼기가 불룩한 양의 얼굴은 염소처럼 보이고, 천사와 새의 날개는 마치 종이처럼 표현되었습니다. '사차원적인' 화가는 보통 동물의 형태와 생태에는 큰 관심이 없었던 듯합니다.

니코 피로스마니
〈천사가 날아다니는 부활제 제단과 어린 양〉
1915년 유화 오일클로스 80.5×100㎝
조지아국립미술관, 트빌리시, 조지아

4. 하지만 뛰어난 색채 감각

뿔 모양과 볼기의 이상함을 압도하는 멋진 색채. 원색을 훌륭하게 사용하는 점도 많은 '사차원적인' 화가들과 공통된 특징입니다.

니코 피로스마니 〈어린 사슴이 있는 풍경〉
1913년 유화 카드보드 98.3×71㎝
조지아국립미술관, 트빌리시, 조지아

니코 피로스마니

조지아의 앙리 루소

    피로스마니는 약 8세에 부모를 잃고 친척집에서 자랐으며, 인쇄소에서 일하던서 독학으로 그림을 익혔습니다. 여러 직업을 거친 후, 간판에서 초상화까지 의뢰받는 대로 무엇이든 그리며 한곳에 정착하지 않고 그날그날 살아가는 생활을 이어갔습니다.

    조지아 정교회의 이콘이나 민중 판화에서 영감을 받아 검은 바탕에 그린 그의 작품은 우연히 젊은 전위 예술가의 눈에 띄었고, 이 예술가는 피로스마니의 작품을 서양회화의 전통을 깨는 예술로 높이 평가했습니다. 이로 인해 피로스마니는 단번에 스타가 되었지만, 보수적인 지역 분위기 탓에 비난의 대상이 되며 일거리도 급감했습니다.

    그가 선술집의 좁은 지하실에서 고독하게 세상을 떠난 뒤, 다시 주목을 받게 된 것은 1960년대가 되어서입니다. 조지아의 국민화가로서, 앙리 루소가 그랬던 것처럼 피카소 등 유명 예술가들에게 찬사를 받았습니다.

검은 캔버스는 밤 풍경을
그리는 데 최적이다

검정 오일클로스를 캔버스로 활용하고 밝은
색 물감을 덧칠하는 반전 화법으로 그린 밤 풍
경은 독특한 매력을 자아냅니다.

니코 피로스마니 〈달이 뜬 밤의 곰〉
1913-1914년 유화 오일클로스 100×79㎝
조지아국립미술관, 트빌리시, 조지아

Niko Pirosmani

이 사람의 '발견'이
문제가 될 줄이야

니코 피로스마니 〈일리아 즈다네비치의 초상〉
1913년 유화 카드보드 150×120㎝ 조지아국립미술관, 트빌리시, 조지아

즈다네비치의 '발견'에 대한 감사의 마음을 담아 그린 초상화입니다. 이 작품은 모스크바 전위예술 전시회에 출품되었으나, 평가가 논란이 되어 보수파의 공격 대상이 되었습니다.

일리아 즈다네비치

조지아 출신의 전위 시인으로, 대학 휴가 중 고향에 돌아왔다가 피로스마니의 작품을 '발견'하여 중앙에 소개했습니다. 그의 사후에도 피로스마니의 명예 회복을 위해 힘썼습니다.

월터 리차드 시커트 〈잭 더 리퍼의 침실〉
1906–1907년 유화 캔버스 50.8×40.7㎝
맨체스터미술관, 맨체스터, 영국

이 그림으로
의심받게 되었습니다

이 작품은 제목에 맞춘 분위기로 그렸을 뿐이라고 합니다. 진짜 범인이라고 의심받는
것은, 이 작품이 그만큼 뛰어나게 잘 그려졌다는 증거일 것입니다.

포스트 인상주의

엽기 살인 혐의를 받은 위대한 화가

1888년 런던에서 발생한 매춘부의 복부를 칼로 가르는 연쇄 살인 사건은 아직까지 미해결로 남아 미궁 속에 빠져 있습니다. '잭 더 리퍼'라고 불리는 범인의 정체에 대해 다양한 설이 존재하는 가운데, 영국 왕립미술가 협회 회장을 역임한 화가 월터 시커트 역시 범인으로 의심받은 인물 중 한 명입니다. 그 근거가 된 작품은 바로 〈잭 더 리퍼의 침실〉이라는 제목의 그림입니다.

이 그림은 화가 본인의 침실을 묘사한 것으로, 세를 준 집 주인이 "이곳에 잭 더 리퍼가 살았었다."고 주장하는 이야기를 흥미롭게 들은 시커트가 작품 제목으로 삼은 것입니다. 그러나 어둡고 스산한 분위기의 이 그림은 그 이상의 설득력을 자아내며, 보는 이들로 하여금 진짜 범인의 흔적을 상상하게 합니다.

거기에서 멈췄다면 좋았겠지만, 1907년에는 〈캠던 타운의 살인〉을 주제로 한 연작까지 발표하면서 더 이상 웃어넘길 수 없는 억측을 불러일으키고 말았습니다.

월터 리차드 시커트 (1860-1942)

화가였던 아버지 밑에서 독일 뮌헨에서 태어나 8세에 런던으로 이주했습니다. 배우로 활동하다가 화가로 전향하여 휘슬러에게 사사를 받았습니다. 파리에서는 드가와 로트레크의 영향을 받았습니다.

1911년에 촬영된 월터 리차드 시커트의 초상 사진

월터 리차드 시커트 〈권태〉 1914년 유화 캔버스 152.4×112.4㎝ 테이트갤러리, 런던, 영국

스스로 의혹을 깊게 만드는 스타일

시커트의 대표작 중 하나로, 그가 존경했던 드가의 영향이 잘 드러납니다.

월터 리차드 시커트 〈캠던 타운의 살인〉 1908년 유화 캔버스 25.6×35.6㎝ 예일 브리티시 아트센터, 뉴헤이븐, 미국

1907년, 시커트가 살던 캠던 타운에서 '잭 더 리퍼'와 유사한 매춘부 살인 사건이 발생했습니다. 어떤 이유에서인지, 그는 이 사건을 주제로 한 4부작 연작을 발표하며 의혹을 더욱 짙게 만들었습니다.

베스트셀러 작가의 집념

시커트 범인설의 최전선에 서 있는 인물은 '법의관 시리즈'로 잘 알려져 있는 미국의 베스트셀러 작가 퍼트리샤 콘웰입니다. 그녀는 막대한 개인 자산을 투자해 시커트의 작품을 사 모으고 DNA 검사까지 수행하며 주장을 강화하여, 2002년에 '살인자의 초상(Portrait of A Killer)'이라는 책을 출간했습니다.

당시 시커트는 '잭 더 리퍼' 사건이 발생한 시기에 프랑스에 있었다는 알리바이가 있었지만, '살인자의 초상'에서는 이를 명확히 입증하지 못했다는 비판을 받았습니다. 그러나 콘웰은 이에 굴하지 않고 작품을 더 사 모으며 조사를 계속해 2017년에 반론을 담은 책을 출판했습니다. 이 논쟁은 아직도 계속될 듯합니다.

유튜브
동영상 해설

Gustav Klimt

클림트

1862–1918

황금빛으로 빛나는 분리파의 여신상

팔라스 아테나

구스타프 클림트 〈팔라스 아테나〉 1898년 유화 캔버스 75×75㎝ 빈박물관, 빈, 오스트리아

단금 기법을 사용한 이 액자는 미술과 공예의 융합을 추구한 특별 주문품으로, 클림트 가문의 금세공 가업을 잇고 있던 셋째 동생 게오르그의 작품으로 추정됩니다.

고전주의로부터 '분리'

곡선적이고 평면적이면서 장식적인 '유겐트 스틸(독일어 권의 아르누보)'과 금박을 사용한 '황금양식'으로 잘 알려진 클림트입니다. 하지만, 데뷔 초기 그의 화풍은 의외로 매우 고전적이었습니다.

당시 빈에서는 성벽을 허문 곳을 따라 만든 순환도로 부근의 건축 붐이 일어나고 있었습니다. 금세공 가문의 장남으로 공예학교에서 공부한 클림트는 미술 아카데미 출신 화가들에 뒤지지 않는 고전기법을 습득했습니다. 그는 동생 그리고 친구와 함께 벽화 등 공공 프로젝트의 주문을 지속적으로 받으며 고전주의의 중요 인물로 자리 잡았고, '화가의 왕'이라 불리던 한스 마카르트의 후계자로 여겨졌습니다.

클림트는 명성에 만족하지 않고, 빈 대학의 천장화를 '유겐트 스틸' 화풍으로 구상했습니다. 그러난 이 작업이 좋지 않은 평판을 받아 채택되지 못하자, 그는 아카데미로부터 독립을 추구하며 1897년에 '빈 분리파'를 결성하여 초대 회장이 되었습니다. 다음 해 제2회 분리파전에서 만반의 준비 끝에 발표한 작품이 '황금 양식'의 시작을 알린 〈팔라스 아테나〉입니다.

구스타프 클림트 (1862-1918)

공예학교 출신으로 고전화가로 성공했지만 이에 만족하지 않고, 미술 아카데미에서 독립하여 '빈 분리파'를 결성했습니다. 금세공 가업을 잇던 셋째 동생 게오르그에게 액자 제작을 의뢰하는 등, 미술과 공예의 융합을 추구했습니다.

1914년에 촬영된 구스타프 클림트의 초상 사진

구스타프 클림트 〈우화〉 1883년 유화 캔버스 83.5×116㎝ 빈 박물관, 빈, 오스트리아

이솝 우화의 '사자와 쥐'와 '여우와 두루미'를 한 장에 담은 삽화로, 클림트가 동물을 그린 유일한 작품이라고 합니다.

트리오 결성

프란츠 마치

공예학교 재학 중, 학우인 클림트와 그의 동생과 함께 '쿤스트라 콤퍼니(예술가 상회)'를 결성했습니다. 그러나 분리파에는 참여하지 않았습니다.

에른스트 클림트

구스타프보다 세 살 어린 동생으로 '예술가 상회'에서 함께 활동했으나 1892년, 28세의 나이로 요절했습니다. 남은 처자식은 형 구스타프가 지원해 주었습니다.

부르크 극장 천장화

모차르트 등이 초연한 명문 극장인 부르크 극장은 1888년에 순환 도로변으로 확장 이전했습니다. 동생 에른스트 그리고 친구 마치와 함께 트리오가 되어 역사적인 각 지역 극장의 천장화를 그렸습니다.

구스타프 클림트

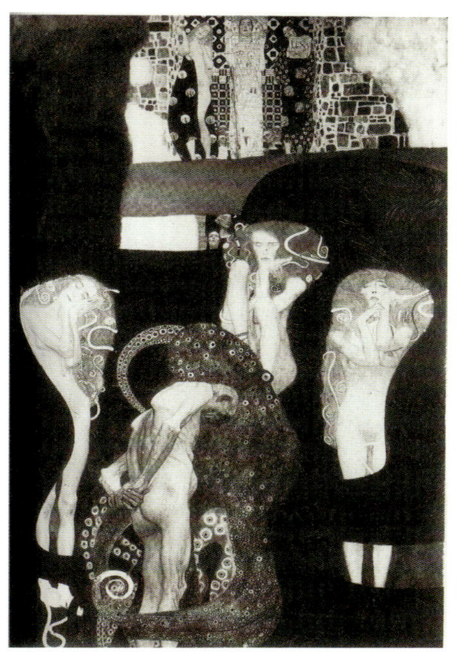

빈 대학 천장화

주요 4개 학부를 상징하는 천정화를 의뢰받아, 프
란츠 마치가 담당한 〈신학〉은 바로 승낙받았지만,
클림트가 구상한 〈법학〉(왼쪽 위), 〈의학〉(오른쪽
위), 〈철학〉(아래)의 스케치는 승낙을 받지 못했습
니다. 클림트는 이 세 작품을 완성한 후 다른 고객
에게 판매했습니다. 나중에 오스트리아 미술관에
들어갔으나, 나치에 의해 약탈당한 후 소실되어 현
재는 흑백 사진만이 남아 있습니다.

구스타프 클림트 〈법학〉〈의학〉〈철학〉 1899–1907년

빈 분리파 전시관

분리파 창립 멤버인 건축가 올브리히가 설계했습니다. 은행가 칼 비트겐슈타인(철학자 루트비히의 아버지) 등의 지원을 받아 1898년에 완공되었으며, 개장 기념으로 제2회 분리파 전시회에서 〈팔라스 아테나〉를 선보였습니다.

Secession Building, Vienna
ⓒ Jakub Hatun

미술사 미술관의 벽화

1891년에 완공한 미술가 미술관의 벽화는 중진 마카르트가 그리기 시작했지만, 그가 갑자기 사망하여 클림트 등이 계승하였습니다. 여기서 그린 팔라스 아테나(오른쪽)은 전통을 따라서 날개가 있는 승리의 여신 니케를 오른손에 들고 있습니다.

구스타프 클림트

거울이 비춘 것은
거짓 없는 벌거벗은 진실!

손거울을 든 벌거벗은 여성을 진실의 우화로 묘사한 사례는 많지는 않지만, 고전 회화에서도 찾아볼 수 있습니다. "모두에게 좋은 것은 진정 좋은 것이 아니다."라고 단언한 프리드리히 실러(Johann Christoph Friedrich von Schiller)의 시는, 빈 대학 천장화로 받은 비난에 대한 클림트 자신의 반론으로 여겨집니다.

구스타프 클림트 〈누다 베리타스〉
1899년 유화 캔버스 244×56.5cm
빈 극장박물관, 빈, 오스트리아

Gustav Klimt

'벌거벗은 진실'을 내세운 수호신

지혜와 예술, 전략의 여신인 팔라스 아테나는 빈 거리 곳곳에서 볼 수 있는 수호신입니다. 그러나 클림트가 그린 팔라스 아테나는 다른 모습과는 달리, 승리의 여신 니케 대신 손거울을 든 벌거벗은 여성 〈누다 베리타스〉을 내세웠습니다.

다음 해에 단독으로 그린 이 여성상은 거짓이 없는 '벌거벗은 진실'을 의인화한 것 입니다. 클림트는 그 그림에 "모두에게 좋은 것을 바라지 말라."는 시인 실러의 명언을 써 넣어, 소수의 이해만 얻더라도 본인이 믿는 예술을 추구하겠다는 결의를 나타냈습니다.

미술과 공예가 융합된 황금 액자에 둘러싸인 '벌거벗은 진실'을 내세운 〈팔라스 아테나〉는 빈 분리파의 진정한 수호신이라고 할 수 있을 것입니다.

유튜브
동영상 해설

함메르쇠이

1864–1916

아무도 없는 실내에 쌓인 시간

하얀 문, 또는 열린 문

이것이 진정한 '실내 누드'

텅 빈 실내는 빈집이 아니라, 화가 함메르쇠이 부부가 살던 코펜하겐 자택입니다. 그는 그곳에 있던 가구와 사람들을 일부러 지워내고 비어 있는 공간을 그렸습니다. 아무도 없는 실내가 신비롭고 무서운 이유는 그곳에 아무도 없기 때문이 아닙니다. 오히려 누군가 있었을 것만 같고, 지금도 어딘가에 숨어 있을지도 모른다는 느낌을 주기 때문입니다. 즉, 그곳에 쌓인 시간이야말로 신비와 공포의 원천인 것입니다. 함메르쇠이가 그리고자 했던 것은 바로 그러한 시간의 축적이었을 것이라고 생각됩니다.

왕립미술학교를 졸업한 다음 해, 21세의 나이로 아카데미전에 출품한 작품입니다. 존경하는 휘슬러에게 영향 받은 모노톤 색채와 평면적인 표현은 혁신파에게는 인기를 끌었지만, 보수파의 비판을 받아 신인상을 받지 못했습니다.

빌헬름 함메르쇠이
〈젊은 여인의 초상, 화가의 여동생 안나 함메르쇠이〉
1885년 유화 캔버스 112×91.5㎝
히르쉬스프룽 컬렉션, 코펜하겐, 덴마크

함메르쇠이는 1887년 네덜란드와 벨기에를 여행하며 페르메이르와 벨기에 상징주의 화가 멜레리 등의 작품에서 깊은 영감을 받았습니다. 이를 계기로, 고요하고 평화로운 분위기 속에 시간이 멈춘 듯한 사람이 없는 실내와 거리를 그리기 시작했습니다.

자비에 멜레리 〈문〉

빌헬름 함메르쇠이 (1864–1916)

덴마크의 수도 코펜하겐에서 상인 가정에서 태어나 왕립미술학교를 졸업한 함메르쇠이는, 아카데미와는 거리를 두면서 신구의 다양한 화가들에게서 영향을 받아 독창적이고 내성적인 화풍을 확립하고 이를 고수했습니다. 그는 극도로 낯을 가렸다고 전해집니다.

빌헬름 함메르쇠이 〈자화상〉
1895년 유화 캔버스 33.4×28.2㎝

빌헬름 함메르쇠이 〈하얀 문, 또는 열린 문〉
1905년 유화 캔버스 52×60㎝
데이비드컬렉션, 코펜하겐, 덴마크

함메르쇠이 부부가 1898년부터 11년 동안 살았던 아파트입니다. 그는 일부러 앞에 있던 식탁과 난로를 그리지 않아 방을 비워둠으로써, 17세기 건물에 쌓인 200년 이상의 시간이 드러나고 서서히 마음속으로 스며들게 합니다.

함메르쇠이가 살았던 코펜하겐 스트란가데 30번지의 아파트는 당시에도 이미 상당히 오래된 건물이었으며, 세운지 300년이 지난 지금까지도 남아 있습니다.

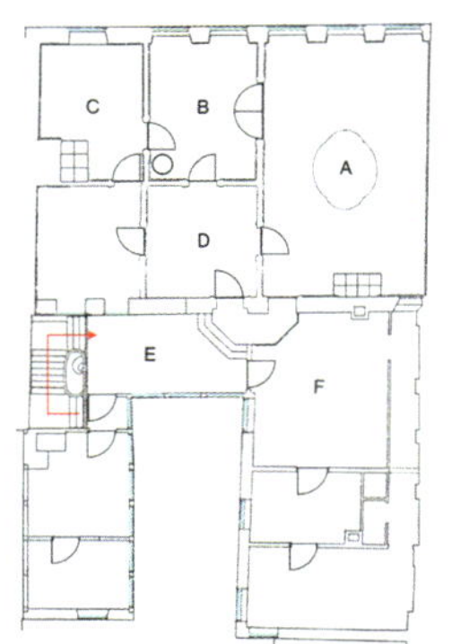

중정에 서 있는 함메르쇠이
(1907년)

함메르쇠이 부부가 임대했던 건물 2층의 평면도. 위 작품에서는 B 지점의 식당에서 다음 방인 D를 지나, 중정(오른쪽 사진)에 접한 E의 창문이 보입니다.

빌헬름 함메르쇠이 〈책 읽는 여인이 있는 실내 풍경〉
1900년 유화 캔버스 73×61㎝ 스웨덴 국립미술관, 스톡홀름, 스웨덴

'북유럽의 페르메이르'로 불리는 함메르쇠이. 이 작품에서도
페르메이르의 〈열린 창가에서 편지를 읽는 여인〉에서 받은
영향이 분명히 드러나며, 시간이 멈춘 듯한 느낌 또한 유사
합니다. 그러나 모노톤 색조와 공간의 여백은 함메르쇠이만
의 독자적인 세계관을 형성했습니다.

여러 화가의 영향을 받았지만, 결코 모방은 아니다!

요하네스 페르메이르
〈열린 창가에서 편지를 읽는 여인〉
1657–1659년 유채 캔버스 83×64.5㎝
알테마이스터미술관, 드레스덴, 독일

빌헬름 함메르쇠이 〈침실〉
1890년 유채 캔버스 73×58㎝ 히르슈슈프룽 컬렉션, 코펜하겐, 덴마크

1890년 아카데미전에서 프리드리히의 〈창가의 여인〉을 표절했다는 비난을 받아 전시가 거부된 문제작입니다. 두 작품이 비슷하긴 하지만 〈침실〉 속 여성은 창밖을 바라보지 않고 고개를 숙이고 있어 내성적인 분위기를 자아낸다는 점에서 큰 차이가 있습니다.

아카데미로부터 표절 의혹을 받은 작품!

카스파르 다비트 프리드리히
〈창가의 여인〉
1822년 유화 캔버스 44×37㎝
구국립미술관, 베를린, 독일

다양한 영향이 작품에 축적

시간이 멈춘 듯한 조용하고 평온한 느낌으로 페르메이르와 비교되곤 하는 함메르쇠이지만, 그 외에도 영향을 받은 화가들이 있습니다. 그중 첫 번째가 바로 휘슬러입니다. 모국어 외에는 말하지 못할 정도로 극도로 낯을 가렸던 그가, 직접 만나러 갔던 유일한 화가가 휘슬러였지만, 사전 약속 없이 방문해 결국 만나지 못했다고 합니다. 왕립미술학교 졸업 이듬해 아카데미전에 출품한 여동생의 초상화는 휘슬러의 모노톤 색채가 느껴져 찬반 논란을 불러일으켰습니다.

26세에 같은 전시회에 출품한 〈침실〉은 프리드리히(P182)의 작품과 지나치게 비슷하다는 이유로 전시가 거부되었으며, 사람이 없는 실내와 거리에서는 벨기에 상징주의 화가인 멜레리와 크노프(P265)의 영향도 드러납니다.

함메르쇠이는 단순히 모방한 것이 아니라, 각 화가의 본질을 제대로 소화하고 흡수하여 자신만의 독창적인 예술로 승화시켰음을 알 수 있습니다.

빌헬름 함메르쇠이
〈크리스티안보르 궁전의 행랑〉
1907년 유채 캔버스 58×45㎝
코펜하겐 국립미술관, 코펜하겐, 덴마크

페르낭 크노프
〈버려진 거리〉
1904년 파스텔과 크레용 종이 78×69㎝
벨기에왕립미술관, 브뤼셀, 벨기에

함메르쇠이는 크노프의 〈버려진 거리〉 등의 영향을 받아 사람이 없는 '빈 거리'를 주제로 한 작품도 많이 그렸습니다. 덴마크왕실의 영빈관으로 사용되는 크리스티안보르 궁전 역시 작품 속에는 사람의 그림자조차 없습니다.

빌헬름 함메르쇠이 〈화가의 어머니, 프레데리카 함메르쇠이〉 1886년 유채 캔버스 34×37㎝ 개인소장

휘슬러의 유명한 작품에서 영향을 받은 이 작품은 배경과 세부를 더욱 간결하게 표현하여 함메르쇠이만의
미니멀리즘적 특색을 보여줍니다.

제임스 맥닐 휘슬러
〈회색과 검은색의 구성: 휘슬러의 어머니〉
1871년 유채 캔버스 144.3×162.4㎝
오르세미술관, 파리, 프랑스

유튜브
동영상 해설

칸딘스키

1866–1944

마음이 이끄는 대로
살아가며 그리다

인상 Ⅲ

1896년에 모스크바에서 열린 인상파 전시회에서 모네의 〈건초더미〉를 보고 깊은 감명을 받은 대학 강사 칸딘스키는, 30세의 나이에 화가의 길을 결심하고 파리에 버금가는 예술의 도시인 뮌헨으로 향했습니다.

클로드 모네
〈건초더미-여름의 끝자락, 아침 효과〉
1890-1891년 유채 캔버스
60×100㎝
오르세미술관, 파리, 프랑스

그림을 그리기 시작했을 당시에는 존경하던 모네를 모방해 필촉분할 기법으로 인상파 느낌의 작품을 그렸습니다. 이를 출발점으로 점차 상징주의로 변모해갔습니다.

바실리 칸딘스키 〈오데사 항구 I〉
1898년경 유채 캔버스 65×46㎝
트레티야코프미술관, 모스코바, 러시아

프란츠 폰 슈투크

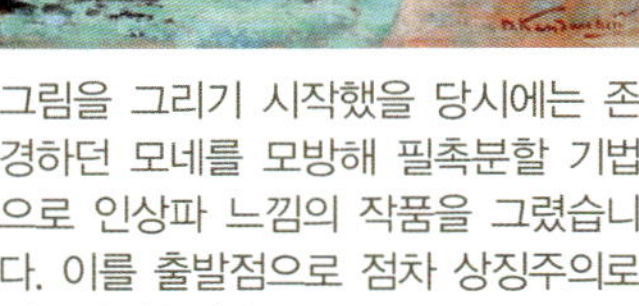

뮌헨 미술 아카데미에 입학한 칸딘스키는 분리파 창립 멤버였던 슈투크에게서 상징주의를 배웠습니다.

프란츠 폰 슈투크 〈자화상〉
1905년 유채 캔버스 73×76㎝
구국립미술관, 베를린, 독일

뮌헨 분리파의 영향을 받은 동료들과 함께 1901년에 미술 그룹 '팔랑스'를 결성하고, 전시회 포스터도 직접 제작했습니다.

바실리 칸딘스키 (1866-1944)

유복한 차(茶) 사업가 가문의 장남으로 태어나, 모스크바 대학 법학부를 졸업하고 학자로 활동했지만, 모네에게 깊은 감명을 받아 30세에 화가로 전향했습니다. 이후 끊임없이 화풍을 변화시키며 제1차 세계대전과 러시아 혁명을 겪었고, 마침내 '추상 회화의 아버지'라 불리게 되었습니다.

1913년경 촬영된 바실리 칸딘스키의 초상 사진

바실리 칸딘스키 〈인상Ⅲ(음악회)〉 1911년경 유채 캔버스 77.5×100㎝ 렌바흐하우스미술관, 뮌헨, 독일

'3개의 피아노곡(작품 11)'은 서양 음악의 조성을 따르지 않는 무조 음악입니다. 칸딘스키는 여기에서 영감을 받아 서양 회화의 전통에 얽매이지 않는 추상 회화로 이어지는 새로운 시대의 예술을 창조했습니다.

"오늘의 불협화음은 내일의 화음이다!" by 칸딘스키

무조 음악과 추상 회화

아놀드 쇤베르크

오스트리아 빈에서 태어나 무조 음악을 체계화하여 12음 기법을 확립한 '현대음악의 아버지'입니다. 그림을 그리기도 했으며, '청기사' 연감에 평론도 기고했습니다.

1948년 촬영된
아놀드 쇤베르크의 사진

1911년 1월 1일, 뮌헨에서 쇤베르크의 '3개의 피아노곡'을 들은 칸딘스키는 그 감동을 〈인상Ⅲ〉에 담아 표현하고, 열정적인 편지를 보냈습니다. 마음속의 충동을 형식에 얽매이지 않고 표현하려 했던 그는 무조음악에 도전하는 작곡가에게서 같은 예술적 공감을 느낀 것입니다.

칸딘스키는 눈에 보이지 않는 개념을 구체적으로 상징하는 상징주의에서 출발하여, 대상을 자유로운 색과 형태로 나타내는 표현주의를 거쳐, 마침내 구체적인 사물을 그리지 않는 추상주의로 나아갔습니다.

미술학교의 여름 합숙에서 대담하게도 뮌터의 초상을 그린 칸딘스키. 함께 동행했던 아내는 화를 내며 러시아로 돌아갔지만, 칸딘스키와 뮌터는 이를 계기로 동거를 시작했고, 그 집은 동료들의 아지트가 되었습니다.

바실리 칸딘스키
〈코헬 가브리엘레 뮌터〉
1902년경 유채 캔버스
32.7×23.9㎝
렌바흐하우스미술관, 뮌헨, 독일

늦게 찾아온 청춘을 만끽하던 칸딘스키는, '팔랑스'가 자금 마련을 위해 시작한 미술 교실의 학생이었던 가브리엘레 뮌터를 연인으로 삼았습니다.

바실리 칸딘스키
〈가브리엘레 뮌터의 초상〉
1905년경 유채 캔버스 45.3×45.3㎝
렌바흐하우스미술관, 뮌헨, 독일

바실리 칸딘스키 〈다채로운 삶〉
1907년 템페라 캔버스 130×162.5㎝ 렌바흐하우스미술관, 뮌헨, 독일

그는 고갱의 민속 예술 지향부터 마티스의 색채까지 다양한 예술적 흐름을 스펀지처럼 흡수했습니다. 이 작품에서는 뮌헨의 민예품인 유리 그림의 느낌에 러시아 풍경과 신인상주의의 점묘 기법을 융합했습니다.

바실리 칸딘스키 〈뮌헨의 루드비히 성당〉
1908년경 유화 카드보드 67.3×96㎝ 티센 보르네미사미술관, 마드리드, 스페인

감정이 풍부해지면서 더욱 선명한 색채와 단순한 형태로 표현하는 표현주의에 이르게 되었습니다.

바실리 칸딘스키

'추상 회화의 아버지'로 가는 길

모스크바 대학에서 정치경제학 강의를 했던 칸딘스키의 인생을 바꾼 것은 30세에 본 모네의 〈건초더미〉였습니다. 학자 같은 겉모습과 달리 열정적이었던 그는, 미래가 보장된 교수직을 버리고 뮌헨으로 떠나 미술 아카데미에 입학합니다.

늦게 찾아온 청춘을 만끽하며 상징주의에서 표현주의로 화풍을 전환했고, 1911년에는 쇤베르크의 무조 음악에 자극받아 마르크, 마케 등과 함께 새로운 표현주의 그룹 '청기사'를 결성했습니다.

칸딘스키는 내면의 충동을 자유로운 색과 형태로 표현하고 싶다는 욕구에서 표현주의를 발전시켜 '뜨거운 추상'에 이르렀습니다. 제1차 세계대전 이후에는 기하학적 요소를 더한 '차가운 추상'도 도입하며, 추상주의를 이론화하여 '추상 회화의 아버지'로 불리게 되었습니다.

이 감정의 고조는 자유로운 색과 형태로만 표현할 수 있어!

Wassily Kandinsky

바실리 칸딘스키 〈구성 Ⅴ〉 1911년경 유화 캔버스 190×275㎝ 개인소장

칸딘스키는 자신이 회장을 맡고 있던 '신예술가협회'에서 추상화에 대한 비판을 받자, 협회전 규정 크기보다 큰 이 작품을 일부러 출품했습니다. 전시 거부에 대한 항의의 의미로 회장직을 사임하고, 뜻을 함께하는 동료들과 '청기사' 그룹을 결성했습니다.

◀ 내면의 감정 표현을 추구한 칸딘스키는 마침내 구체적인 대상을 그리지 않고 자유로운 색과 형태로 표현하는 추상주의에 도달했습니다. 동료들 사이에서도 "너무 과한 것 같다."는 이야기가 나올 정도였습니다.

바실리 칸딘스키 〈즉흥 13〉
1910년경 유화 캔버스 120×140㎝
카를스루에미술관, 카를스루에, 독일

'청기사'는 제1차 세계대전 중 마케와 마르크가 전사하고 칸딘스키마저 러시아로 돌아가면서 자연스럽게 해체되었습니다. 이 연감 또한 창간호로 끝나버렸습니다.

유튜브
동영상 해설

Paul Klee

클레
1879-1940

신성한 산에 울려 퍼지는
색채의 교향곡

파르나소스 산으로

산과 음악은 클레의 근본

파르나소스 산은 예술의 신 아폴론을 섬기는 뮤즈들이 산다고 전해지는 그리스의 성스러운 산입니다. 이 작품의 원제목인 라틴어 'ad Parnassum'은 예술의 높은 경지를 지향한다는 의미에서 음악 교재의 제목으로 자주 사용되었습니다. 클레의 〈파르나소스 산으로〉 역시 음악을 그린 그림입니다.

피라미드 같은 삼각형은 그의 고향인 스위스에 있는 니젠 산을 파르나소스로 여기며 그린 것으로 보입니다. 점묘 기법 같은 작은 블럭들은 클레의 독자적인 이론에서 비롯된 색채의 '소리'입니다. 무수한 소리가 어우러지며 웅장한 다성음악이 되어 파르나소스 산의 정상으로 올라가는 모습을 클레는 색과 형태로 표현했습니다.

〈파르나소스 산으로〉는 음악가 부모를 둔 클레가 산이 많은 나라에서 태어난 그의 근본을 담아낸 동시에, 그의 예술을 집대성한 위대한 작품이라 할 수 있습니다.

파울 클레 (1879–1940)

스위스에서 태어나 자랐지만 국적은 독일이었으며, 제1차 세계대전 중에는 독일군에 징병되었습니다. 그림이 팔리지 않던 시절에는 피아노 선생님인 아내의 수입에 의지해 생활했습니다. 상세한 육아일기를 남긴 원조 '육아 아빠 화가'로도 알려져 있습니다.

1911년에 촬영된 파울 클레의 초상 사진

파울 클레 〈파르나소스 산으로〉
1932년 유화와 카제인 캔버스 100×126㎝
베른미술관, 베른, 스위스

색채의 조화는 곧 화음.
색과 형태의 교향곡

색을 소리로, 형태를 박자로, 선을 멜로디로 생각해보면, 이 작품이 '그림으로 번역된 음악'임을 알 수 있습니다. 작은 작품이 많은 클레의 작업 중에서도 가로 세로 1m가 넘는 이 작품은 그가 특별히 공을 들였음을 보여줍니다.

파울 클레 〈지저귀는 새〉 1922년 유화 수채화 잉크 종이 64.1×48.3㎝
뉴욕근대미술관, 뉴욕, 미국

클레는 아이가 그린 듯한 '느낌'을 내기 위해 다양한 기법을 개척했습니다.
핸들을 돌리면 새가 지저귀는 장난감을 그린 이 작품에서는, 검은색 유화
물감을 칠한 종이 뒷면에 선을 그려서 전사하는 '유채 전사' 기법을 사용했
습니다.

'색채의 시인'이라 불리는 만큼, 클레의 작품은 선명한 색채 속에서도 어딘지 슬픈 시정이 깃들어 있습니다.

파울 클레 〈황금 물고기〉
1925년 유화와 수채화 종이와 두꺼운 종이
49.6×69.2㎝
함부르크미술관, 함부르크, 독일

'아이가 그린 것처럼'
그림을 그리고 싶어서

세네치오는 개쑥갓의 속명입니다. 그 꽃을 의인화한 얼굴을 ○, △, □의 형태로 구성했습니다.

파울 클레 〈세네치오〉
1922년 유화 캔버스
40.5×38㎝
바젤시립미술관, 바젤, 스위스

로베르 들로네 〈도시의 창 No 3〉 1911-1912년경 유화 캔버스 113.7×130.8㎝ 구겐하임미술관, 뉴욕, 미국

표현주의에만 머무르지 않고 각국의 화가들이 모인 '청기사' 전시회에서 들로네의 작품을 본 클레는 큐비즘에 눈을 떴습니다. 그는 자연을 단순한 기하학적 형태로 분해해 재구성하는 기법을 도입했습니다.

은사인 슈투크가 시작한 뮌헨 분리파전에 출품한 작품으로. 세간티니의 〈나쁜 어머니들〉(P277)를 떠올리게 합니다. 초기의 클레는 이러한 상징주의적인 동판화를 많이 남겼습니다.

파울 클레 〈소녀(꿈을 꾸는)〉 1903년
에칭 종이 23.6×29.8㎝
파울클레센터, 베른, 스위스

파울 클레 〈흰색과 붉은 색으로 구성된 돔〉
1914년 수채화와 과슈 종이와 두꺼운 종이 14.6×13.7㎝
노르트라인베스트팔렌미술관, 뒤셀도르프, 독일

**"색채가 나를
사로잡았다!"**

1914년에 '청기사' 그룹의 친구 마케와 함께 튀니지아를 여행던 중, 북아프리카의 태양 아래에서 갑작스럽게 색채에 눈을 뜨게 됩니다. 그는 "색채는 나를 영원히 사로잡았다. 나는 그것을 알 수 있다. 이 행복한 시간이 의미하는 것은, 나와 색채가 하나이며, 내가 화가라는 것이다."라고 선언하며 자신을 색채 화가로 자각했습니다.

파울 클레

음악은 색채, 리듬은 형태

독일 국적의 음악가 부모 아래 스위스에서 태어난 클레는 바이올린 신동이었지만 화가가 되기를 꿈꾸며 뮌헨 미술 아카데미에 입학했습니다. 슈투크에게서 상징주의를 배우면서도 새롭게 떠오른 표현주의와 큐비즘에 매료되어 칸딘스키 등이 결성한 '청기사' 그룹에 참가하게 됩니다.

1914년, '청기사' 동료인 마케와 함께 방문한 북아프리카 튀니지아에서 색채에 대한 새로운 깨달음을 얻었습니다. 제1차 세계대전 이후에는 친구 칸딘스키와 함께 바우하우스 미술공예학교에서 가르치며 '아이가 그린 것 같은 그림'과 '음악의 시각화'에 몰두했습니다.

그러한 작업의 집대성으로 탄생한 작품이 바로 〈파르나소스 산으로〉입니다. 이 작품은 나치로부터 '퇴폐 예술가'라는 낙인을 받고 고향 스위스로 망명하기 1년 전, 53세의 원숙기에 완성한 걸작입니다.

고향 스위스 베른에 있는 피라미드처럼 아름다운 삼각형을 가진 니젠 산은 클레가 어린 시절부터 여러 번 그려온 풍경입니다. 〈파르나소스 산으로〉에 등장하는 산 역시 이 니젠 산을 모델로 한 것으로 보입니다.

파울 클레 〈니젠 산〉
1915년 수채화 종이
17.7×26cm
베른미술관, 베른, 스위스

같은 주제의 다른 성부가 시간차로 두고 이어지는 푸가(둔주곡)를 그림으로 표현했습니다. 형태는 각 주제의 멜로디를, 크기와 진하기는 음량을 나타내며, 왼쪽에서 오른쪽으로 음악이 흐르는 듯한 느낌을 줍니다.

파울 클레 〈붉은 푸가〉
1921년 수채화와 연필 종이
24.4×31.5cm 개인소장

Paul Klee

눈에 보이는
음악을
그리고 싶어서

파울 클레 〈나무가 있는 율동적인 풍경 속의 낙타〉
1920년 유화와 초크와 펜 카드보드 48×42㎝ 노르트라인베스트팔렌미술관, 뒤셀도르프, 독일

음악을 시각화하는 것은 바이올린의 신동에서 화가로 변신한 된 클레의 숙명이었습니다. 오선지의 음표처럼 나무들이 리드미컬하게 배치되어 있습니다.

〈파르나소스 산으로〉와 마찬가지로 소리와 색의 블록으로 표현한 이 작품은 여러 독립적인 파트로 구성된 다성음악, 즉 폴리포니를 시각적으로 담아냈습니다.

파울 클레 〈폴리포니(다성음악)〉
1932년 템페라 린넨 66.5×106㎝
바젤시립미술관, 바젤, 스위스

파울 클레

유튜브
동영상 해설

Maurice Utrillo

위트릴로

1883–1955

몽마르트르의 애수 속을
살다 간 화가

코탱의 골목

어린 시절부터 알코올 중독

파리의 관광명소인 몽마르트르 거리를 그린 그림은 예전에도 지금도 기념품으로 많이 팔립니다. 그중에서도 위트릴로의 작품이 사람들의 마음에 남는 예술이 된 것은, 아마도 작가 자신이 몽마르트르 이면의 애수를 온몸으로 표현했기 때문일 것입니다.

화가 발라동의 사생아로 태어나 스페인 화가가 아들로 인정해 준 덕분에 그의 성을 받았지만, 실제 아버지는 알려지지 않았습니다. 자유분방한 어머니로부터 방치되었고, 할머니 손에서 자란 위트릴로는 8세에 이미 할머니가 먹인 술 없이는 살 수 없는 몸이 되어버렸습니다.

모리스 위트릴로 (1883–1955)

사생아로 몽마르트르에서 태어나 알코올 중독 치료의 일환으로 그림을 그리기 시작했으며, 그가 그린 파리 풍경은 인기를 끌며 잘 팔리기 시작했습니다. '세계 공황의 영향을 받지 않았던 유일한 화가'라고도 불립니다. 어린 시절부터 술로 단련된 강한 간 덕분인지 그는 71세까지 살았습니다.

수잔 발라동 〈모리스 위트릴로의 초상〉
1921년 유화 캔버스

그림엽서에는 없는
쓸쓸함을 그려낼 수 있는
사람은 위트릴로뿐이다

알코올 중독으로 노숙 생활을 하던 위트릴로는 야외에서 그림을 그리면 장난꾸러기 아이들이 돌을 던져 괴롭히곤 해서, 종종 방 안에서 사진엽서를 보며 그림을 그리기도 했다고 합니다.

▶ 몽마르트르는 '순교자의 언덕'을 의미하는 지명으로, 경사와 계단이 많은 지역입니다. 코탱 골목은 사크레쾨르 대성당 뒷골목에 위치해 있습니다.

모리스 위트릴로 〈코탱의 골목〉
1910–1911년 유화 캔버스 62×46cm
파리국립근대미술관, 파리, 프랑스

Maurice Utrillo

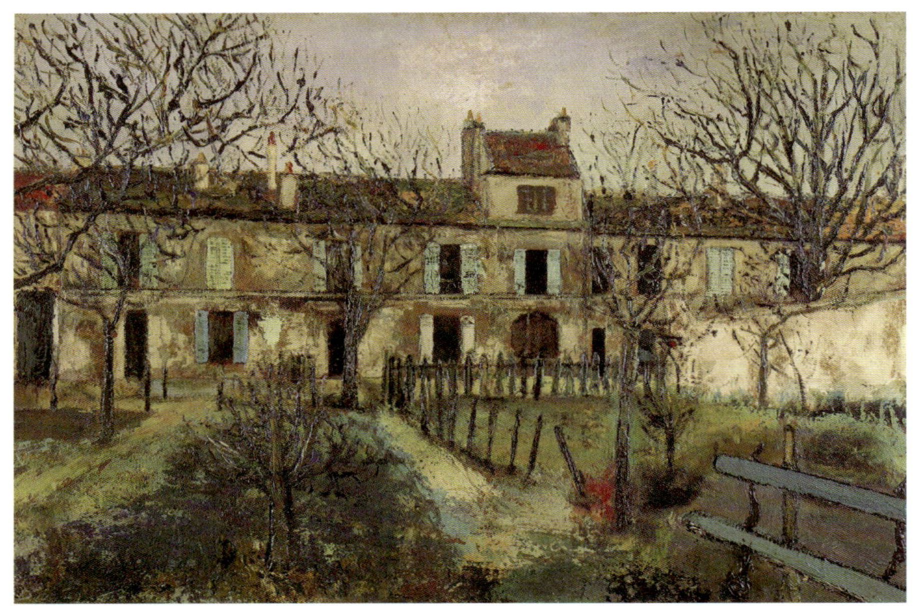

모리스 위트릴로 〈몽마니의 뜰〉 1908-1909년 유화 두꺼운종이 52×74.9㎝ 파리국립근대미술관, 파리, 프랑스

알코올 중독으로 18세에 처음 강제 입원하게 됩니다. 의사가 권한 그림 요법의 성과를 살려, 퇴원 후 한 때 살았던 몽마니의 풍경을 그리기 시작했습니다.

육아보다 그림과
남자를 우선시 함

어머니 수잔 발라동은 로트레크 등 여러 저명인들과 염문을 뿌린 모델 출신의 화가입니다. 스페인 화가 미겔 우뜨리요(Miquel Utrillo)가 아들로 인정해 그의 성을 따르게 되었습니다.

1890년경에 촬영된 수잔 발라동과 위트릴로 모자

   Maurice Utrillo

모리스 위트릴로 〈라팽 아질〉 1912년 유화 캔버스 50×61㎝ 파리국립근대미술관, 파리, 프랑스

하얀 벽의 때가 애수를
자아내는 '백색 시대'

몽마르트르에 지금도 남아있는 카바레 '라팽 아질'은 당시 가난한 예술가들이 모이던 장소였습니다.
그러나 위트릴로는 술에 취해 소란을 피우는 일이 많아 결국 출입 금지 당하고 말았습니다.

모리스 위트릴로

모리스 위트릴로 〈라 페르테 밀롱 성〉 1912년 유화 캔버스 59×80cm

'백색 시대'라 불리는 초기 작품에는 사람의 모습이 거의 등장하지 않아, 더욱 서글픔을 자아냅니다.

술과 나쁜 어머니, 그리고 공존 의존

위트릴로는 알코올 중독과 의존적인 어머니 사이에서 성장하며, 결국 중학교에서 퇴학당하고 일자리도 찾지 못한 채 18세에 강제 입원됩니다. 치료의 일환으로 그림을 그리기 시작했으나, 이것이 역효과를 가져옵니다. 몽마르트르 거리를 그린 그의 그림이 관광객들에게 팔리면서 돈이 생기자 오히려 술에 더 깊이 빠지게 되었습니다.

한편, 발라동은 아들보다 세 살이나 어린 남자와 재혼하고, 위트릴로를 '돈 제조기'라고 부르며 그림을 그리게 하여 그 수익으로 사치를 누렸습니다. 이후 남편에게 버림받은 그녀는 52세가 된 위트릴로를 12살 연상의 미망인과 결혼시켜, 그녀가 수입을 관리하도록 했습니다.

이렇게 위트릴로를 옥죄던 어머니가 세상을 떠난 뒤에도, 이번에는 아내와 미술상들이 그를 독촉해 예전 작품을 반복해 그리게 했습니다. 위트릴로의 작품이 주는 감동은 이처럼 슬픈 인생이 투영되어 있기 때문일 것입니다.

     Maurice Utrillo

모리스 위트릴로 〈두유 마을의 교회〉 1912년 유화 (목판을 댄)마분지 52×69㎝

'백색 시대'의 대표작입니다. 회반죽이 칠해진 하얀 벽의 색감과 질감을 탁월하게 표현하여, 약간 더러워진 벽에서 느껴지는 애수가 마음을 울립니다.

발라동(왼쪽)은 아들보다 세 살 어린 앙드레 우터(가운데)와 1914년에 결혼했습니다. 그녀는 위트릴로(오른쪽)를 '돈 제조기'라고 부르며 끊임없이 작품 활동을 요구했습니다.

발라동은 우터와 헤어진 뒤 아들을 돌보고 관리할 사람이 필요해지자, 64세의 미망인 루시 포웰과 52세의 아들을 결혼시켰습니다. 루시는 발라동이 세상을 떠난 후에도 미술상들과 함께 위트릴로의 삶을 관리했습니다.

Maurice Utrillo

모리스 위트릴로 〈광대 찰리 메이어〉 1926년 유화 목판 48.9×38.1㎝ 폴 페트리데스 컬렉션, 파리, 프랑스

◀ 1920년대에 접어들면서 위트릴로의 작품은 색채가 풍부해지고 사람의 모습도 등장하기 시작합니다. 특히 등장하는 여성들은 모두 풍만한 엉덩이가 특징입니다. 이 시기의 작품들이 잘 팔리면서, 1928년에는 레지옹 도뇌르 훈장까지 수상하게 되었습니다.

모리스 위트릴로 〈노르뱅 거리〉

▲ 정규 미술 교육을 받지 않아 인물화를 어려워했던 위트릴로에게는 드문 초상화입니다. 그의 과장된 형태와 색채 표현은 표현주의보다 앞서 있었습니다.

유튜브
동영상 해설

아메데오 클레멘트 모딜리아니 〈머리를 푼 채 누워있는 여인의 누드〉
1917년 유화 캔버스 60×92.2㎝ 오사카시립근대미술관, 오사카, 일본

모딜리아니라고 하면 눈동자가
없는 흰눈이 유명하지만...

Amedeo Clemente Modigliani

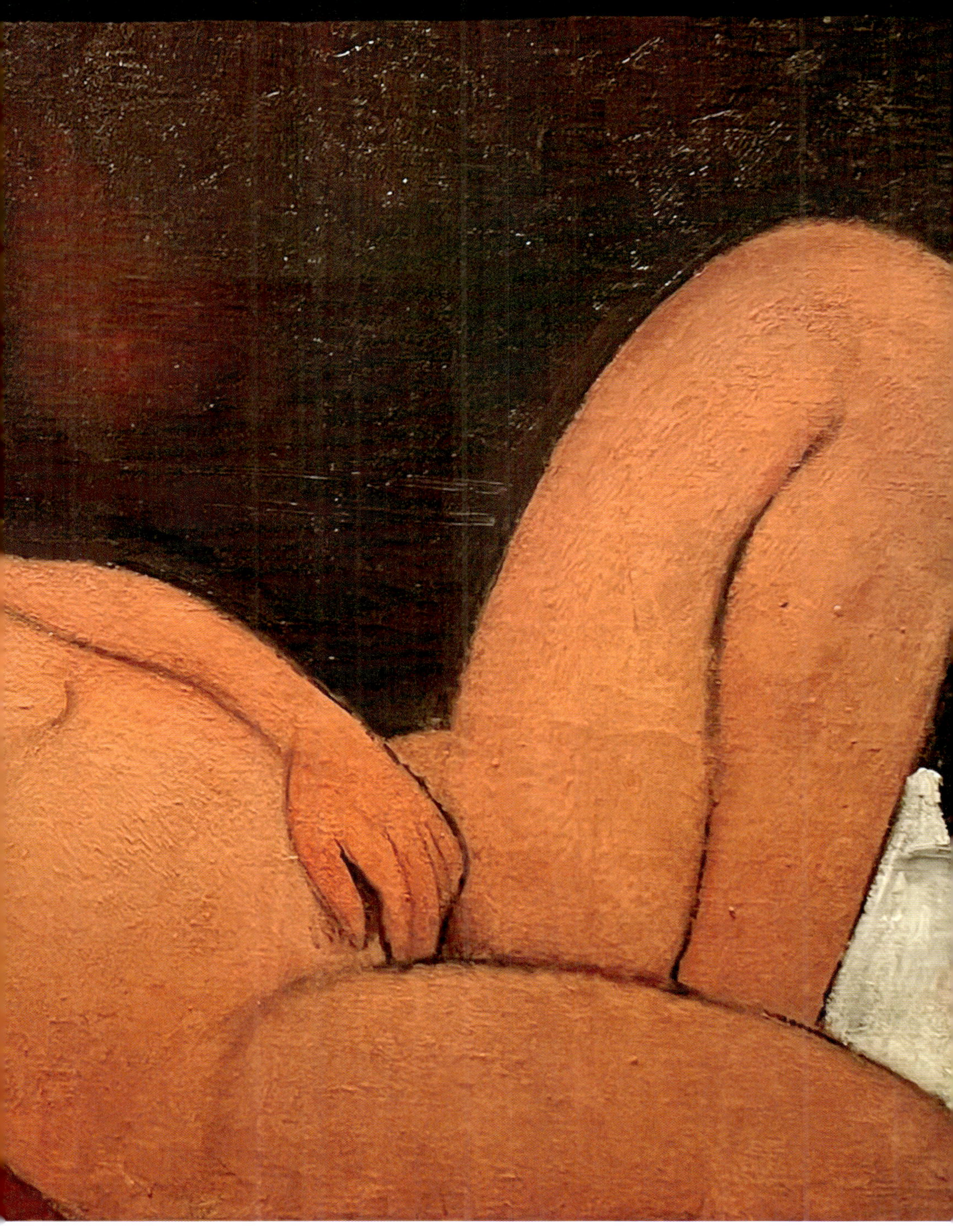

눈동자를 그린 작품도 상당히 많이 남아있습니다. 일본 오사카 시립근대미술관에 소장한 이 작품은 1930년대에 미술상 후쿠시마 시게타로가 파리에서 구입한 것입니다. 1989년에 오사카시가 약 190억 원에 매입했을 때 지나치게 비싸다는 비판을 받았지만, 현재 가치는 약 10배에 이른다고 합니다.

살아 있을 때 사주지!

　20세기 전반 파리에서는 세계 각지에서 모인 예술가들을 '에콜드파리(파리파)'라고 총칭했습니다. 그중에서도 짧고 파격적인 인생이 여러 차례 영화로 만들어질 만큼 인기가 높았던 예술가가 바로 모딜리아니입니다. 그의 누드화는 매우 희귀하여 현재 높은 금액으로 거래되고 있습니다.

　모딜리아니는 사랑이 많은 매력적인 남성이었지만, 연인의 누드는 그리지 않는 원칙을 지켰습니다. 친구의 도움으로 어렵게 구한 모델을 그린 그의 누드화는 생에 한 번 연 개인전에서 외설물로 간주되어 경찰에 의해 철거되었고, 생전에는 거의 팔리지 않았습니다.

아메데오 클레멘테 모딜리아니 (1884-1920)

리보르노에서 태어난 유대계 이탈리아인으로 베네치아 미술학교를 졸업한 후 1906년 파리로 와 세계 각지에서 모인 젊은 화가들과 교류했습니다. 생전에는 작품이 거의 팔리지 않았으며, 35세에 결핵성 뇌수막염으로 생을 마감했습니다.

1918년경에 촬영된 아메데오 클레멘트 모딜리아니의 초상 사진

이 작품은 모딜리아니가 10대 때 그린 것으로, 이탈리아의 인상파 '마키아이올리'의 영향이 느껴집니다. 모딜리아니는 14세부터 지역의 풍경화가에게 데생을 배우기 시작했으며, 미술학교에서는 고전 회화도 익혔습니다.

아메데오 클레멘트 모딜리아니
〈토스카나의 오솔길〉
1898년 유화 캔버스
파토리아노미술관, 리보르노, 이탈리아

모딜리아니가 사망한 지
이틀 후, 창문에서 투신하여...

아메데오 클레멘트 모딜리아니 〈노란색 스웨터를 입은 잔 에뷔테른〉
1918-1919년 유화 캔버스 100×64.7㎝ 구겐하임미술관, 뉴욕, 미국

마지막 연인이었던 잔 에뷔테른은 화가 지망생 시절 모딜리아니를 만나 부모님의 반대에도 불구하고 함께
동거를 시작했습니다. 첫 딸을 낳고, 둘째 아이를 임신 중이던 그녀는 모딜리아니가 세상을 떠나자 뒤따라
생을 마감했습니다.

아메데오 클레멘트 모딜리아니 〈파란 쿠션을 베고 누워있는 누드〉 1916년 유화 캔버스 60.1×92.1㎝ 개인소장

이 작품은 2012년에 약 1,440억 원에 낙찰되었습니다.

▶ 2010년에 이 작품이 약 840억 원에 낙찰된 후 모딜리아니의 누드화 가격은 급상승하여, 2015년에는 2,000억 원을 돌파했습니다.

아메데오 클레멘트 모딜리아니
〈소파에 앉아있는 여인의 누드〉
1918년경 유화 캔버스 100×65㎝
개인소장

아메데오 클레멘테 모딜리아니

'청색 시대'의 피카소에게서 영향을 받은 모색기의 작품입니다. 몽마르트르의 '세탁선'은 가난하지만 재능 넘치는 젊은 예술가들이 모여 있던 장소였습니다.

아메데오 클레멘트 모딜리아니
〈앉아있는 여인의 누드〉
1909년 유화 캔버스 개인소장

모리스 위트릴로

몽마르트르의 술집에 가면 꼭 만날 수 있는 위트릴로(P334)와는 술친구였습니다. 두 사람은 술에 취해 난폭하게 행동하는 일이 많아 여러 가게에서 출입 금지를 당했습니다.

수잔 발라동 〈모리스 위트릴로의 초상〉
1921년 유화 캔버스 65.5×52㎝ 위트릴로발라동미술관, 사누아, 프랑스

콘스탄틴 브랑쿠시

루마니아 출신의 조각가로, 모딜리아니는 그의 영향을 받아 조각을 시작했지만 체력적인 한계로 어려움을 겪었습니다. 이후 미술상 기욤의 조언에 따라 그림에 전념하게 되었습니다.

1922년에 촬영된 콘스탄틴 브랑쿠시의 초상 사진

아메데오 클레멘트 모딜리아니 〈폴 알렉상드르의 초상〉
1909년 유화 캔버스 100×81㎝ 도쿄후지미술관, 도쿄, 일본

모딜리아니의 작품을 처음으로 구매한 것으로 알려진 한 의대생의 초상화에서는 1907년에 회고전이 열린
세잔의 영향이 느껴집니다.

아메데오 클레멘테 모딜리아니

아메데오 클레멘트 모딜리아니 〈폴 기욤, 노보 필로타〉 1915년 유화 캔버스 105×75㎝ 오랑주리미술관, 파리, 프랑스

기욤은 타이어용 고무와 함께 아프리카 조각을 수입하여 돈을 벌고, 이후 미술상으로 전향한 인물입니다. 처음에 다가와준 그를 모딜리아니는 '새로운 조종사(Novo Pilota)'라고 칭송했지만, 시간이 지나며 두 사람의 관계는 점차 소원해졌습니다.

아메데오 클레멘트 모딜리아니 〈폴 기욤의 초상〉
1916년 유화 캔버스 81×54㎝ 밀라노시립현대미술관, 밀라노, 이탈리아

기대했던 만큼의 지원을 받지 못해 배신감을 느끼며 그린 기욤의 초상. 단순한 묘사 속에서도
'반감을 품은 인물'이라는 느낌이 전해지는 점이 인상적입니다.

예술과 우정, 사랑과 술에 빠져

모딜리아니는 이탈리아 출신으로, 1906년 22세에 파리 몽마르트르로 와서 값싼 하숙집 '세탁선'에 모인 피카소 등과 교류하며, 위트릴로와 함께 술을 마시며 자신의 예술을 모색했습니다.

3년 후 몽파르나스로 이사한 그는 조각가 브랑쿠시와 친분을 쌓으며 본인도 조각을 제작하기 시작했는데, 그의 회화 작품에 등장하는 눈동자 없는 눈은 그 시기에 열중했던 아프리카 조각의 영향을 받은 것입니다.

그러나 그런 노력은 빛을 보지 못하고, 가난과 술에 빠져 가던 그를 끝까지 지지한 사람은 자신의 재산을 털어 미술상의 역할을 해 준 친구 스보로프스키와 마지막 연인 잔이었습니다. 잔은 모딜리아니가 35세로 세상을 떠난 지 이틀 후, 그의 아이를 임신한 채 창문에서 뛰어내려 뒤따랐습니다.

스페인 출신 피카소 등 여러 미술가들이 머물며 많은 이야기를 남긴 몽마르트르의 화실이 있는 저렴한 숙소. 목조 건물이어서 세느강에 떠 있는 세탁선처럼 바닥이 흔들려 '세탁선'이라는 이름으로 불렸다고 합니다.

1910년경 촬영된 '세탁선'

아메데오 클레멘트 모딜리아니 〈레오폴드 즈보로프스키의 초상〉
1916–1919년 유화 캔버스 100×65㎝ 상파울루미술관, 상파울루, 브라질

폴란드 출신의 시인 즈보로프스키는 기욤과 달리 헌신적이었으며, 모딜리아니의 작품 활동과
생계를 그가 세상을 떠날 때까지 전폭적으로 지원했습니다.

"형식만 흉내 낸 일본인의 서양화보다 정신을 담은 내 위작이 더 뛰어나!"

전후 역사에 남을 '타키가와 타로 사건'이란

1947년, 화가이자 도쿄예술대학 교수였던 하자마 이노스케가 도쿄도 미술관에서 열리고 있던 '제1회 서양 명화전'에 위작이 전시되어 있다고 신문에 발표했습니다. 문제로 지적된 작품들 대부분은 미술 평론가 쿠보 사다지로가 타키가와 타로라는 화가를 통해 파리와 일본에서 구입한 것이었습니다. 쿠보는 즉시 반론하려 했으나, '진흙탕 싸움이 될 것'이라며 말리는 타키가와의 태도에 의문을 품고 조사를 진행하던 중 자신이 속았음을 깨닫게 됩니다. 이후 타키가와를 규탄하는 기사를 쓰려 했으나, 이미 그는 자취을 감춘 뒤였습니다.

타키가와의 이름이 다시 세상을 떠들썩하게 만든 것은 1962년이었습니다. 카나자와시의 백화점에서 전시 중이던 르누아르의 〈소녀〉라는 작품이 도난당했는데, 소유자인 정치가 후지야마 아이이치로가 "국가에 기증할 테니 돌려다라."는 요청 덕분인지 무사히 되찾을 수 있었습니다. 이 작품은 국립서양미술관에 기증되었으나, 나중에 밝혀진 바에 따르면 사실 이것이 '타키가와 작' 위작이었습니다.

위작은 제작 현장에서 바로 잡히지 않는 한, 진품으로 믿고 중개했다는 주장으로 빠져나갈 수 있습니다. 하지만 흥미롭게도 솜씨가 뛰어난 위작자일수록 스스로 고백하는 경우가 많습니다. 타키가와도 훗날 자신이 200점 이상을 위작했다고 자랑하듯 밝히며, 병으로 인해 오른손을 사용할 수 없게 되자 왼손으로 그린 코로의 위작을 쿠보에게 보내기까지 했습니다.

1947년 제1회 서양 명화전 출품 위작

타키가와 작품. 아메데오 클레멘트 모딜리아니
〈여인의 모습〉
유화 캔버스 52×43cm

타키가와 작품. 모리스 위트릴로
〈생 뱅상 거리〉
과슈 종이 48.8×43cm

타키가와 작품. 앙리 루소
〈초상화〉
유화 캔버스 41×30.4cm

쿠보 사다지로 (1909–1996)

토치기현 모오카의 자산가 집안에 데릴사위로 들어가, 그 재산을 바탕으로 미술 교육에 힘쓴 인물입니다. 마치다시립 국제 판화미술관의 초대 관장을 역임했으며, 1938년 파리 유학 중 타키가와와 만나 귀국 후에도 그에게서 작품을 구입했습니다. 위작임이 밝혀진 후에는 수치심을 무릅쓰고 이를 공개한 공명정대한 사람이었습니다.

1981년 나고야에서 촬영된 쿠보 사다지로의 사진 (모오카시 교육위원회 제공)

타키가와 타로 (1903–1971)

나가노현 출신으로, 태평양화회에서 그림을 배우고 이시이 하쿠테이의 제자가 된 후, 1930년 경 프랑스로 건너갔습니다. 파리에서는 일본에서 오는 사람들에게 위작을 판매하였고, 귀국 후에는 위작뿐 아니라 창작회화도 발표했습니다. 뇌졸중으로 오른쪽 반신이 마비된 이후에도 왼손으로 그림을 그렸습니다.

1941년경 긴자에서 촬영된 타키가와 타로의 사진 (모오카시 교육위원회 제공)

1942년, 쿠보가 구입한 타키가와 작 마티스는 화가 쿠보 마모루가 위작임을 간파했습니다.

타키가와가 공범자의 화랑에 작품을 전시해두고 파리를 방문한 쿠보가 이를 구입하도록 유도한 키슬링 작품의 위작.

1956년, 카나가와현립 근대미술관에서 열린 '진짜 가짜 전시회'에서 타키가와의 위작들과 함께 '진품'으로 전시된 라프라드의 작품도 결국 타키가와의 위작으로 밝혀졌습니다.

후지야마 아이이치로가 소장했던 르누아르의 〈소녀〉 또한 원래는 쿠보가 구입했으나, 전후 재산세를 납부하기 위해 판매했던 타키가와 위작이었습니다. 이를 기증받은 국립서양미술관도 처리 방안을 찾지 못해 현재 창고에 보관 중이라고 합니다.

〈소녀〉의 도난 사건 당시, 쿠보가 "타키가와는 세잔을 흉내 낼 수 없다."고 언급했는데, 타키가와가 이를 '코로'로 잘못 알아듣고 오히려 화가 나서 쿠보에게 코로의 위작을 보내기도 했습니다.

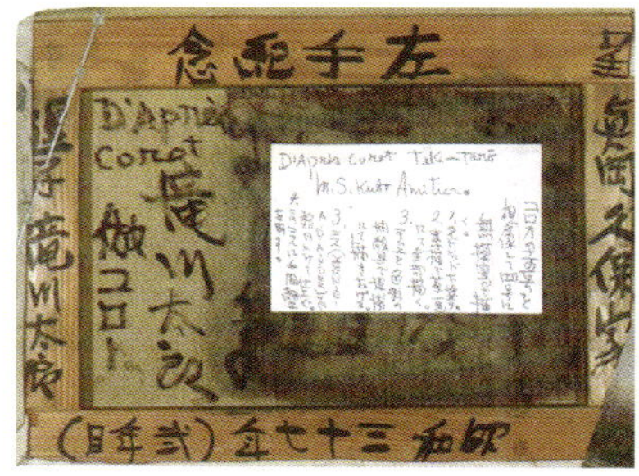

그 작품의 뒷면에는 왼손으로 그렸다는 사실과 위작을 제작하며 고안한 점들이 명기되어 있습니다. 그의 자존심이 근본적으로 잘못된 방향으로 향하고 있다는 것을 그는 인식하지 못한 듯합니다.

유튜브
동영상 해설

'외광파'의 승리와 모순

호반

쿠로다 세이키 (1866–1924)

사츠마번의 무사로 메이지 유신 이후 자작이 된 큰아버지의 양자로 들어갔습니다. 법률 공부를 위해 프랑스로 유학을 떠났지만, 야마모토 호스이 등의 권유로 화가의 길을 선택하게 되었고, '외광파' 화풍인 라파엘 콜랭에게 배웠습니다. 귀국 후 도쿄미술학교 교수를 지내며 제국미술원 원장과 귀족원 의원을 역임했습니다.

1923년 이전에 촬영된 쿠로다 세이키의 초상 사진

하야시 타다마사

하야시 타다마사는 쿠로다 세이키에게 화가가 될 것을 권유한 인물입니다. 그는 파리를 거점으로 일본 미술을 판매하여 자포니즘 유행을 이끈 주역으로, 루이 공스의 저서 '일본 미술'을 감수하고, 고흐 형제에게 우키요에를 소개하는 등 일본 미술의 확산에 큰 기여를 한 인물입니다.

하야시 타다마사의 초상 사진

야마모토 호스이

코부미술대학을 중퇴한 후 프랑스로 건너가 국립 미술학교에서 장 레옹 제롬에게 사사했습니다. 쿠로다에게 화가의 길을 권유했을 뿐 아니라, 그의 부모님을 설득하는 데도 자진해서 나섰습니다. 귀국 후에는 자신의 그림 교실인 '세이코관'을 제자들을 포함하여 쿠로다에게 물려줄 정도로 그에게 호의적이었습니다.

야마모토 호스이의 초상 사진

라파엘 콜랭

고전적 화풍과 인상주의적 표현을 절충한 '외광파'. 혹평하자면 고전적이지도, 인상주의적이지도 않은 어중간한 화가라는 평가를 받기도 했으나, 쿠로다와 쿠메 케이이치로 등 도쿄미술학교 서양화과의 초대 교관들이 대부분 프랑스에서 그의 지도를 받았습니다.

화가로서는 솔직히 미묘한 솜씨

라파엘 콜랭 〈플로레알〉 1888년 유화 캔버스 110×190㎝
아르헨티나 국립미술관, 부에노스아이레스, 아르헨티나

1909년 이전에 촬영된 라파엘 콜랭의 초상 사진

쿠로다 세이키 〈독서〉
1891년 유화 캔버스 98.2×78.7㎝
도쿄국립박물관, 도쿄, 일본

화가로 전향한 지 5년 만에
프랑스 관전에서 첫 입상!

화풍은 고전적이며, 루버 셔터를 통해 들어오는 역광 표현이 절제되어 있습니다. 이런 부분이 보수적인 관전에서 높은 평가를 받은 이유일지도 모릅니다. 콜랭의 절충주의를 배운 쿠로다는 아카데미즘에 저항하지 않았습니다.

쿠로다 세이키

Kuroda Seiki

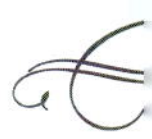

메이지시대 일본

하코네의 아시노코 호숫가에
앉아 있는 세련된 여성은
원래 게이샤였고
나중에 아내가 되었다

모델은 나중에 쿠로다의 아내가 된 전 게이샤 카네코 타네로, 결혼 후에는 테루코로 개명했습니다. 배경과 옷 무늬에는 필촉분할 기법의 붓터치가 사용되었지만, 기본적인 분위기는 고전적입니다. 전체적으로 가볍고 밝은 인상을 주는 것은 음영을 갈색이나 검정색이 아닌 보라색으로 표현했기 때문으로 보입니다.

쿠로다 세이키 〈호반〉
1897년 유화 캔버스 69×84.7㎝
도쿄국립박물관, 도쿄, 일본

일본 서양화계의 메이지 유신

일본 교과서와 우표에 실릴 정도로 유명한 일본 중요문화재인 〈호반〉입니다. 지금은 '옛 명화'로 여겨지지만, 발표 당시에는 '신파'로 불렸습니다. 그림에서 그늘을 검정색이나 갈색이 아닌 보라색으로 표현한 인상주의적 외광 표현이 참신하게 받아들여졌습니다.

메이지 시대 초기의 일본 서양화계는 에도 막부의 반쇼시라베쇼(蕃書調所)의 회화과의 전통을 이어받아, 코부미술학교에서 이탈리아인 교사 안토니오 폰타네시에게 고전적인 화풍을 배운 화가들이 주도했습니다. 그러나, 프랑스에서 '외광파' 화풍의 라파엘 콜랭에게 배운 쿠로다 세이지 등 '신파'가 귀국한 후, 고전파의 어두운 색조는 '기름파'라고 불리고 '구파'로 간주되었습니다.

그리고 1896년 도쿄미술학교에 신설된 서양화과의 교관직을 사츠마 히젠(현재의 큐슈섬) 출신의 '신파' 화가들인 쿠로다 등 독점하면서, '서양화계의 메이지 유신'이 여기서 완성되었습니다.

▶ 아침 단장 모습을 그린 이 그림은, 프랑스 유학의 졸업 시험으로 불리는 국민미술협회전에 출품하여 높은 평가를 받은 작품입니다. 귀국 후인 1895년 내국권업박람회에 전시되었을 때 일부 언론에서 외설적인 춘화라며 비난을 받아 논쟁의 중심에 섰던 작품이기도 합니다.

쿠로다 세이키 〈아침 단장〉
1892-1893년 유화 캔버스
178.5×98㎝ 전쟁 때 소실

쿠로다 세이키

쿠로다 세이키 〈마이코〉
1893년 유화 캔버스 80.4×65.3㎝
도쿄국립박물관, 도쿄, 일본

1893년에 귀국한 쿠로다가 교토에서 제작한
작품으로, 일본인을 인상파 화풍으로 그린 최
초의 작품입니다. 〈호반〉과 함께 중요문화재로
지정되었습니다.

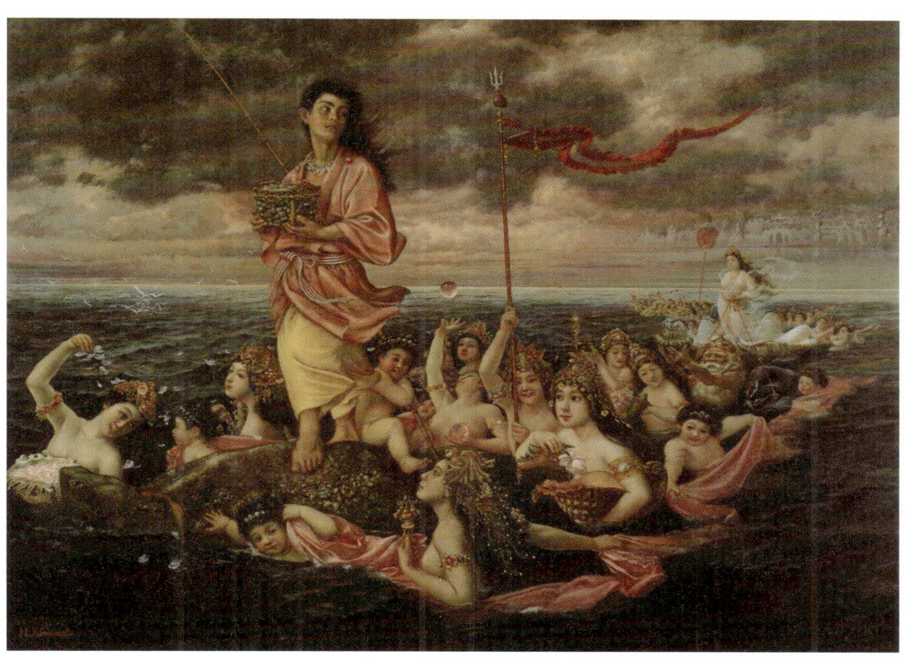

야마모토 호스이 〈우라시마〉 1893–1895년경 유화 캔버스 122×168㎝ 기후현미술관, 기후, 일본

야마모토 호스이 등 '구파'는 서양화의 고전적인 기법으로 일본 전통을 표현하는 것에 의미가 있다고 주장했습니다. 서양인들에게는 이러한 시도가 신선하게 다가왔지만, 일본인의 시각에서는 "그렇다면 일본화로 그리는 게 더 낫지 않을까?"라는 생각이 들기도 합니다.

일본 서양화계 패권의 변화

1883년	코부미술학교 폐교
1889년	도쿄미술학교 개교
	(단, 서양미술은 배울 수 없었음)
	메이지 미술회 결성
	(코부미술학교 출신자가 주체)
1893년	쿠로다 세이키가 메이지 미술회에 입회
1896년	메이지 미술회를 나와서 쿠로다 세이키가
	'하쿠바회'를 결성. 그리고 도쿄미술학교
	에 신설된 서양화과 교수로 취임.
1901년	메이지 미술회 해산
1902년	태평양화회 결성
	(메이지 미술회의 일부 작가가 결집)

쿠로다 세이키

'신파'가 권위가 된 모순

　자작 가문의 도련님으로 법률 공부를 위해 프랑스로 온 쿠로다 세이키에게 화가의 길을 권한 야마모토 호스이는 코부미술학교 출신의 '구파'였습니다. 쿠로다가 귀국한 후 자신의 그림 교실을 제자들과 함께 그에게 물려준 호스이는, 마치 에도성을 사이고 타카모리에게 통째로 넘긴 카츠 카이슈로 비유될 수 있을지도 모릅니다.

　도쿄미술학교라는 서양화 교육의 상아탑을 지배하게 된 쿠로다는 학생들에게 고전

　　　　　　　　　　　　　　　　　　　　　　　　　Kuroda Seiki

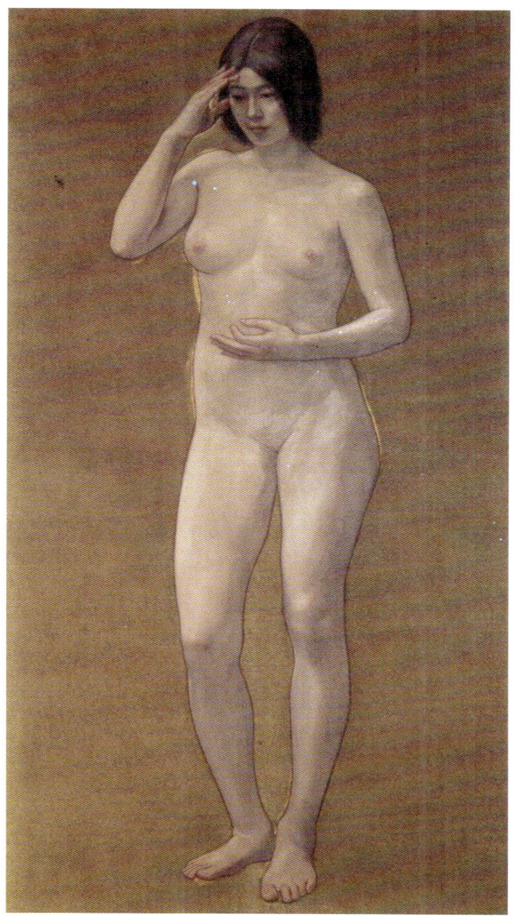

금색 종이에 그려진 세 명의 누드화는 오른쪽의 〈지(智)〉가 이상주의, 중앙의 〈감(感)〉이 인상주의, 왼쪽의 〈정(情)〉이 사실주의를 표현하고 있다고 합니다. 1897년 제2회 하쿠바회전에 전시된 후 일부를 가필하여, 〈나부습작〉이라는 겸손한 제목으로 1900년 파리 만국박람회에 출품되어 은상을 수상했습니다.

쿠로다 세이키 〈지(智) 감(感) 정(情)〉
1899년 유화 캔버스 180.6×99.8㎝ (각각)
도쿄국립박물관, 도쿄, 일본

서양화로 처음 그려진
일본인 모델의 전신 누드화

적인 데생을 통해 상상을 형상화하는 '구상화'의 중요성을 강조했고, 스스로도 우의화 〈지(智) 감(感) 정(情)〉을 그려 파리 만국박람회에서 상을 받았습니다. 그러나 당시 일본에서 인기를 끌었던 것은 〈호반〉과 같은 '외광파'의 사생화였습니다.

아카데미즘에 반기를 든 인상파 기법으로 미술계를 주도하게 된 '신파'가 아카데미즘의 상아탑을 이끌게 된 모순은 쿠로다 본인에게도 큰 고뇌를 안겨 주었으며, 이는 일본 서양화 교육에 깊은 왜곡 현상을 초래하게 되었습니다.

유튜브
동영상 해설

Yamashita Rin

야마시타 린

1875-1939

일본 최초의 여성 서양화가가 그린 이콘

지성삼자

Yamashita Rin

남녀 평등한 미술 교육

도쿄미술학교가 남학생만을 받았던 것과 달리, 일본 최초의 서양화 교육기관인 코부미술학교는 여성의 입학도 가능했습니다. 이탈리아 화가 폰타네시에게 배운 제1기 여학생은 6명이었으며, 그중 한 명이 바로 일본 최초의 여성 서양화가이자 홀로 러시아로 건너가 이콘 화가가 된 야마시타 린입니다.

이바라키 카사마번의 하급 무사 가문에서 태어난 야마시타 린은 어린 시절 아버지를 여의고, 메이지 유신으로 어려움을 겪던 중 좋아하는 그림을 통해 자신의 삶을 개척하기로 결심했습니다. 그녀는 쿠니사다 문하의 우키요에 화가와 마루야마파 화가에게 배웠으나, 일본화로는 생계를 유지하기 어렵다고 판단해 서양화가 나카마루 세이쥬로의 문하로 들어갔습니다.

1876년 코부미술학교가 개교하자, 그녀는 스승인 나카마루와 함께 입학했습니다. 이곳에서 같은 나이의 야마무로 마사코와 친해지며 그녀의 인생은 새로운 전환점을 맞게 됩니다.

야마시타 린 「1857-1939」

카사마번 무사의 딸로 태어난 야마시타 린은 7살에 아버지를 잃고, 10살에 메이지 유신을 겪었습니다. 농가로 시집간다는 이야기를 듣고 가출한 그녀는, 결국 자신을 쫓아온 친척들로부터 화가가 될 꿈을 인정받은 당찬 소녀였습니다. 정교회 신자로 세례명은 이리나였습니다.

1883에 촬영된 야마시타 린의 초상 사진

이콘을 서양회화 화풍으로 그리는 스타일

◀ '지성삼자'는 서방교회에서 삼위일체를 의미합니다. 원근법과 음영법을 활용해 아버지와 아들은 사람의 모습으로, 성령은 비둘기로 표현한 이 화풍은 전형적인 서구 회화 스타일입니다. 그러나 야마시타는 이 방식을 고수하며, 전통적인 이콘 제작 방식인 목판에 템페라로 그리는 대신, 캔버스에 유화로 작업했습니다.

야마시타 린 〈지성삼자(至聖三者)〉
1898-1899년 유화 캔버스 130.8×82cm
스가하리스토스정교회, 치바현, 일본

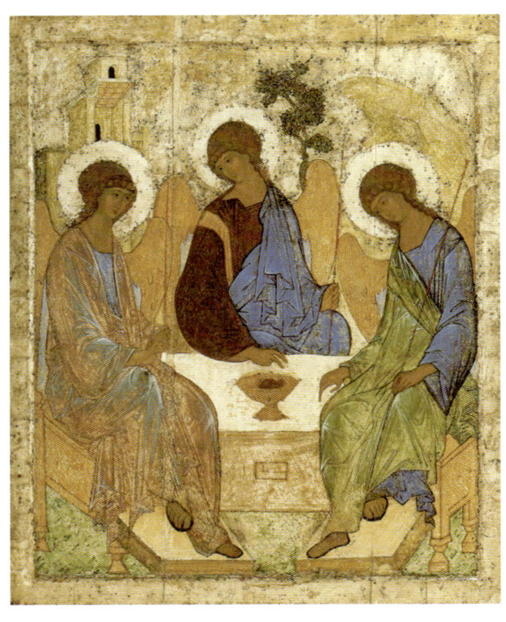

우상 금지를 원칙으로 하는 정교회의 전통적인 이콘은 평면적이고 상징적인 표현이 특징입니다. '지성삼자' 역시 사람이나 비둘기의 형태가 아니라 천사의 모습으로 간접적으로 표현되어 있습니다.

안드레이 루블료프 〈구약 성 삼위일체〉
1425년경 템페라 목판 141.5×114cm
트레티야코프미술관, 모스크바, 러시아

이것이 정교회의
전통적인 이콘

그림 실력을 엿볼 수 있는 코부미술학교 시절의 스케치. 3학년 때 그녀의 성적은 남녀 26명 중 10위로, 여성으로서는 가장 뛰어난 성과를 기록했습니다.

이 시기는 우키요에 거장 쿠니사다의 문하에서 활동한 토요하라 쿠니치카에게 지도를 받던 시기이도 합니다. 이후 그녀는 마루야마파 화가에게도 배웠지만, 당시 서구화 정책의 영향을 받아 일본화의 미래에 대한 불안을 느끼며 서양화로 전향하게 되었습니다.

코부미술학교가 개교한 이듬해, 일본 내전인 서남전쟁이 발발하여 정부 재정이 악화되었습니다. 이로 인해 높은 급여를 지급할 수 없게 되어 폰타네시가 해고되었고, 이 사진은 그의 송별회에서 찍은 것입니다. 당시 여성 학생들의 연령대는 다양했으나, 모두 구 막부 무사의 딸들이었습니다.

코부미술학교의 여학생

오토리 히나(16세) 막부의 육군에서 업적을 쌓고 코부미술학교의 교장을 지낸 오토리 케이스케의 말괄량이 딸.

카와지 하나(27세) 막부의 외교부장관 카와지 토시아키라의 맏손자의 부인이며, 시인 카와지 류코의 어머니.

아키오 소노(14세) 사진작가 나카지마 나츠치와 결혼 후, 슬라이드 영사기용 그림을 제작.

야마무로 마사코(19세) 결혼 후 남편과 함께 인쇄회사를 설립해 교과서용 석판화를 제작.

진나카 이토코(17세) 여자사범학교 등에서 교편을 잡았으며, 전문 서양화가로도 활동.

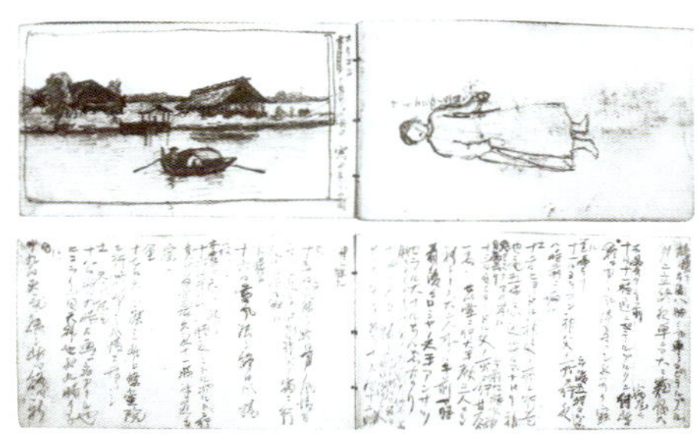

유학생활 동안 겪었던 여러 문제를 그림과 함께 기록한 그녀의 일기. 상트페테르부르크에 도착한 직후 황제 알렉산드르 2세의 암살 사건을 목격한 경험도 담겨 있습니다.

러시아 유학 중 머물렀던 여자 수도원에서는 수도녀들과 함께 이콘을 배웠습니다. 그러나 서구 회화를 지향했던 야마시타는 깊이감 없는 전통적인 이콘을 '도깨비 그림'이라고 부르며 경멸했고, 동료들과 융화되지 않아도 전혀 개의치 않았습니다.

야마시타 린

야마시타에게 행운이었던 것은 당시 러시아에서 서양 회화 기법과 카톨릭교회의 그림 양식을 이콘에 도입하려는 움직임이 있었던 점입니다. 이러한 흐름 덕분에 그녀의 스타일도 '일본 정교회의 이콘'으로서 받아들여질 수 있었습니다.

야마시타 린 〈성모자〉
유화 캔버스 51.5×38㎝
쿠시로하리스토스정교회, 홋카이도, 일본

일본 대주교 니콜라이

본명은 이반 드미트리에비치 카산트킨으로 아사도 성 니콜라이라고도 불립니다. 그는 1861년에 일본에 와서 일본 하리스토스 정교회(정교회는 나라별로 독립적으로 운영됨)를 설립했습니다. 또한, 일본인 이콘 화가를 양성하기 위해 야마시타 린을 러시아로 유학 보냈습니다.

1912년 이전에 촬영된
일본대주교 니콜라이의 초상 사진

구스타브 도레 〈수태고지〉
1843년 목구목판화

서양 회화 그 자체인 성모자상 역시 창작이 아닌 모사를 통해 제작되었으며, 이는 이콘의 전통에 충실했다고 할 수 있습니다.

야마시타 린 〈성모자와 요하네〉
유화 캔버스 41×29㎝ 개인소장

'지성생신녀의 복음'은 카톨릭에서 말하는 성모 마리아의 '수태고지'를 의미합니다. 야마시타 린은 프랑스 화가 구스타브 도레가 성경 삽화로 그린 작품들을 이 작품 외에도 여러 점 모사하여 정교회의 이콘으로 제작했습니다.

야마시타 린
〈지성생신녀의 복음〉
유화 캔버스 35.5×29.2㎝
카미무사하리스토스정교회
홋카이도, 일본

서양 화풍으로 이콘을 그리다

야마무로 마사코는 정교회 신자로 이콘 화가가 되기 위해 러시아로 유할할 예정이었지만, 코부미술학교 재학 중에 결혼하면서 유학을 포기하게 됩니다. 그녀 대신 유학의 기회를 잡은 이는 마사코에게 전도를 받아 신앙을 가지게 된 야마시타 린이었습니다. 유학의 매력에 이끌려 러시아로 향한 야마시타 린이었지만, 그녀가 그림과 함께 상세히 기록한 일기를 보면 배를 타는 여정부터 고난의 연속이었습니다. 다행히도 당시 정교회는 전통적인 이콘뿐만 아니라 서양화 스타일의 작품도 인정하고 있었기 때문에, 그녀는 에르미타주 미술관을 다니며 라파엘로 등의 명화를 배울 기회를 얻을 수 있었습니다. 일본으로 귀국한 후, 야마시타 린은 수도원에 머물며 니콜라이 성당으로 알려진 도쿄 부활대성당을 비롯해 전국 정교회에 서양 화풍의 이콘을 제작했습니다. 이후 61세에 은퇴하고 고향 카사마로 돌아가 81세의 나이로 생을 마감했습니다.

유튜브
동영상 해설

Aoki Shigeru

아오키 시게루

1882–1911

요절한 천재의 사랑과 고뇌

바다의 선물

아오키 시게루 〈바다의 선물〉 1904년 유화 캔버스 70.2×182㎝ 아티존미술관, 도쿄, 일본

출세작이 낳은 비극

일본 서양화 중 최초로 중요 문화재로 지정된 작품은 타카하시 유이치의 〈연어〉도, 쿠로다 세이키의 〈호반〉도 아닌, 아오키 시게루의 〈바다의 선물〉입니다. 이 작품은 1904년, 도쿄 미술학교를 졸업한 아오키가 친구들과 함께 보소반도의 메라를 방문했을 때 그린 대작입니다. 미완성인 상태로 남아 있지만, 오히려 그로 인해 더욱 부각되는 거친 약동감은 작품 자체에 압도적인 힘을 부여하여, 역사적 가치를 넘어 문화재로서의 빛을 발하고 있습니다.

그러나 이 걸작이 제9회 하쿠바회 전시회에서 호평을 받은 것은, 역설적으로 아오

　　　　　　　　　　　　　　　　　　　　　　　Aoki Shigeru

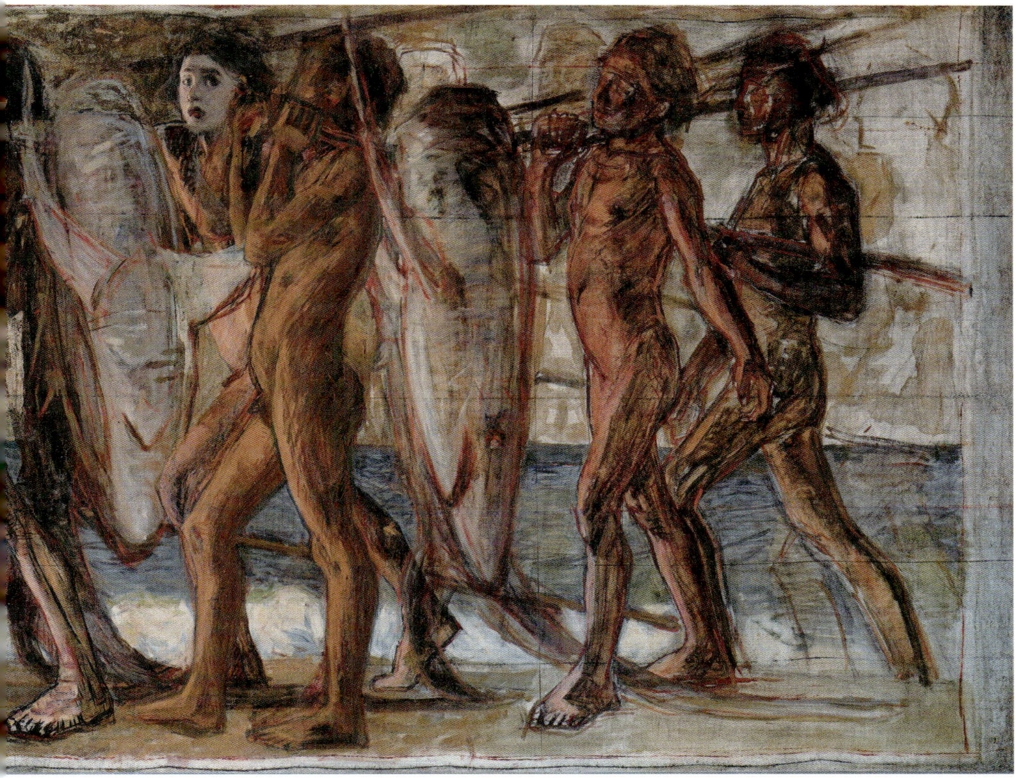

밑그림의 선이 그대로 남아 있는 미완성 작품입니다. 조악한 물감을 사용해 그린 탓에 배경의 금색이 벗겨지고, 바다의 파란색도 퇴색했지만, 오히려 강렬한 인상을 줍니다. 작살로 상어를 잡는 장면은 당시 나라 지방에서 실제로 행해지던 포획 방법을 묘사한 것입니다. 아오키는 어렸을 때부터 함께 화가를 꿈꾸던 친구 사카모토 항지로(坂本繁二郎), 미술학교 후배 모리타 츠네토모(森田恒友), 그리고 그림 교실 '후도샤(不同舍)'의 후배이자 아오키를 따르던 후쿠다 타네(福田たね)와 함께 나라의 뱃사람 오타니(小谷)의 집에 머물렀습니다. 이 집은 현재도 '바다의 선물 기념관'으로 보존되고 있습니다.

키에게 큰 부담이 되었습니다. 아오키의 평판을 듣고 누나와 남동생이 상경하자, 작품의 높은 평가에도 불구하고 가난한 생활은 더욱 어려워졌습니다. 그런 어려움 속에서 〈바다의 선물〉에 등장하는 흰 얼굴의 모델로 알려진 연인 후쿠다 타네가 임신했다는 사실을 알게 됩니다.

궁지에 몰린 아오키는 결국 누나와 남동생을 남겨둔 채, 연인 타네와 함께 도피를 결심합니다. 보소반도를 떠돌며 방황하던 끝에 타네의 본가로 들어가 몸을 의탁하게 됩니다.

아오키 시게루

아오키 시게루 〈오아나무치노미코토〉 1905년 유화 캔버스 75.5×127㎝ 아티존미술관, 도쿄, 일본

아오키 시게루는 '구파' 서양화가들과 마찬가지로 일본 신화를 소재로 삼았지만, 고전주의가 아닌 낭만주의나 상징주의 화풍으로 작품을 그렸습니다. 나라를 구하는 오른쪽 여성으로 묘사된 오아나무치노미코토의 모델 또한 연인 후쿠다 타네일 것이라는 추측이 있습니다.

아오키 시게루 (1882–1911)

후쿠오카현 구루메에서 몰락한 무사 가문의 장남으로 태어난 아오키 시게루는 소학교 시절 동급생이었던 사카모토 항지로와 함께 화가의 길을 꿈꿨습니다. 중학교 졸업 후 상경하여 코야마 쇼타로의 '후도샤'에서 그림을 배우고, 이후 도쿄미술학교에 입학했습니다. 그는 자존심이 매우 강한 성격으로, 늘 가슴을 펴고 당당하게 걸었다고 전해집니다.

1906년경에 촬영된 아오키 시게루의 초상 사진

순간 행복이 빚어낸 걸작

타네의 본가에서 지원을 받아 무사히 태어난 장남은 〈바다의 선물〉에서 영감을 얻어 사치히코(幸彦)라는 이름을 붙였습니다. 그녀의 본가는 집과 아틀리에도 마련해 주었고, 덕분에 아오키는 〈와다츠미의 이로코 노 미야〉를 완성할 수 있었습니다. 장남의 이름의 기원이 된 야마사치히코 신화를 주제로 한 이 작품에서, 토요타마히메의 모델은 타네였으며, 배경에 등장하는 나무는 본가 정원에 있었던 금목서였습니다.

그러나 이 행복한 삶 속에서 탄생한 작품을 도쿄 권업박람회에 출품하기 위해 상경한 뒤, 아오키는 다시 돌아오지 못했습니다.

　　　　　　　　　　　　　　　　　　　　　　　　　　　　　　Aoki Shigeru

도쿄 권업박람회를 둘러싼 소동

심사위원 쿠로다 세이키가 자신이 이끄는 하쿠바회 소속의 '신파' 화가들에게 유리한 심사 결과를 내리자, 태평양화회 소속의 '구파' 화가들의 불만이 폭발했습니다. 이에 아오키의 친한 친구인 사카모토 항지로를 포함한 9명이 수상을 거부하는 소동을 일으켰습니다.

형 우미사치히코에게 빌린 낚시 바늘을 잃어버린 야마사치히코가 바다의 신 와타츠미의 궁전, 일명 '비늘의 궁전'에서 바늘을 찾으려다 토요타마히메와 만나는 장면을 그린 작품입니다. 아오키는 이 작품이 당연히 1등을 받을 것이라 확신했지만, 3등상조차 받지 못하자 크게 분노하며 심사위원이었던 쿠로다 세이키를 심하게 비난했습니다. 이후 아오키가 중앙 화단에서 제대로 평가받지 못하게 된 데에는 이 사건이 간접적인 원인이 되었을 것이라는 추측이 있습니다.

아오키 시게루
〈와다츠미의 이로코 노 미야〉
1907년 유화 캔버스 181.5×70㎝
아티존미술관, 도쿄, 일본

아오키 시게루

아버지의 장례로 제작이 늦어진 탓에, 아오키는 이전에 그렸던 타네로 추정되는 여인의 초상화를 큐슈에서 제1회 문전에 출품했지만 낙선했습니다. 이별 후에도 아오키는 타네에 대한 미련과 원망을 장황하게 글로 남겼고, 이는 "타네가 먼저 정나미가 떨어졌다."는 설의 신빙성을 더했졌습니다. 참고로 타네는 깔끔히 다른 남성과 결혼했습니다.

아오키 시게루 〈여인의 얼굴〉
1904년 유화 캔버스 45.4×33.4㎝
쿄토국립근대미술관, 쿄토, 일본

제2회 문전을 위해 준비했지만 기한을 맞추지 못했고, 제3회에 출품했으나 허무하게 낙선하고 말았습니다. 작품의 완성도를 보면 쿠로다에 대한 비판만을 탓할 수는 없을 듯 합니다.

아오키 시게루 〈가을 소리〉
1908년 유화 캔버스 133.7×100㎝
후쿠오카시미술관, 후쿠오카, 일본

고향의 양조장 의뢰로 그린 아오키의 최대 규모 작품은 〈바다의 선물〉을 연상시키는 주제를 담고 있지만, 생동감이 현저히 부족하고 박력 면에서는 비교조차 할 수 없습니다.

아오키 시게루 〈어부만귀〉
1908년 유화 캔버스 119×198㎝
우드원미술관, 히로시마현, 일본

'생각, 지혜, 기술을 겸비한 구상화'를 추구해 온 아오키가 마지막 힘을 쏟아 완성한 작품은 '기술로 그린 사생화'였습니다.

아오키 시게루 〈아침 해〉
1910년 유화 캔버스 72×115㎝
사가현립 오기고등학교 동창회
오조회, 사가현, 일본

수수께끼로 가득 찬 가출과 너무나도 이른 죽음

타네의 아버지가 혼인 신고와 아들의 인지를 재촉하자 큰 부담으로 다가왔습니다. 우유부단한 태도를 보이는 아오키에게 타네는 점점 정나미가 떨어져 갔습니다.

아오키가 갑작스럽게 집을 나온 이유에 대해서는 여러 설이 있지만, 그 진실은 알 수 없습니다. 그는 타네의 본가에 이별을 통보하는 편지를 남기고, 자신의 아버지 장례를 치르기 위해 고향 구르메로 돌아갔습니다.

이후 아오키는 큐슈 곳곳을 떠돌며 작품을 도쿄 전람회에 출품했지만, 권업박람회 심사와 관련해 쿠로다 세이키를 비난한 탓인지 화단에서 무시당했습니다. 이에 실의에 빠진 그는 그림 실력도 점차 쇠퇴해 갔습니다. 결국 술로 인해 결핵이 악화된 아오키는 28세의 젊은 나이에 생을 마감했습니다.

그림의 진위를 증명하는 것은 첨부된 문서가 아닌 작품 그 자체

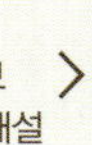

1964년 프랑스 미술상 페르낭 르그로에게서 구입한 위작

안드레 드랭의 위작 〈런던 다리〉
유화 캔버스 55×66㎝
일본 국립서양미술관, 도쿄, 일본

의문의 목소리

라울 뒤피의 위작 〈앙쥬만〉
수채화 종이 51×66㎝
일본 국립서양미술관, 도쿄, 일본

국회에서 추궁

긴자의 그림상들

전시 공개와 동시에 의문이 제기되었습니다. 위작이 치명적인 타격이 되는 미술상들은 작품을 보는 눈이 예리해, 르그로에 대한 악평도 이미 오래전부터 알고 있었다고 합니다.

코바야시 타케시

일본 사회당 참의회 의원이 르그로 사건과 국립사양미술관의 책임을 면밀한 조사를 바탕으로 추궁했습니다. 그 결과, 1968년에 관장이 사임했으며, 1971년에는 새로운 관장이 전시 중단을 발표했습니다.

20세기 최대 위작 사건

　일본 국립서양미술관은 1964년과 1965년에 드랭의 〈런던 다리〉를 포함한 3점의 위작을 프랑스 미술상 르그로에게 속아 구매했습니다. 그의 수법은 실로 교묘했습니다.

　①나이든 화가나 미망인을 속여 증명서를 작성하게 하고, ②사설 감정인을 매수하여 감정서를 꾸몄고, ③유명 경매에 출품한 뒤 본인이 낙찰받아 작품 가격을 올림과 동시에 경매 이력을 남겼습니다. ④통관 도장을 위조하여 세관에서 진품으로 인정된 것 같이 꾸미는 등 다양한 방법을 사용했습니다. 이러한 수법으로 첨부 문서와 이력을 중시하는 학예사와 수집가들을 철저히 현혹시켰습니다.

페르낭 르그로

이집트에서 태어난 프랑스인으로, 과거에는 댄서로 활동했습니다. 위장 결혼을 통해 미국 국적을 취득한 후, 미국에서 위작화가 드 호리와 르사르를 알게 되어 1959년경부터 위작 판매를 시작했습니다. 그는 파리의 일류 화랑가에 가게를 열고, 금색 롤스로이스를 타고 다녔다고 합니다.

르그로들의 주된 수법

① 나이든 화가와 미망인을 속임
② 사설 감정인을 매수
③ 경매에 출품
④ 통관 도장을 위조

아메데오 클레멘트 모딜리아니의 위작
〈여자 얼굴〉
연필 종이 25×18cm
일본 국립서양미술관, 도쿄, 일본

가짜가 진짜로 변하다

르그로가 전 세계에 판매한 위작을 그린 사람이라고 고백한 화가는 엘미르 드 호리입니다. 그를 인터뷰하여 1969년에 출판된 〈위작의 마술사〉는 저자가 다른 저명인의 전기를 조작해 체포된 것으로 화제를 모으기도 했습니다. 드 호리는 1973년, 오슨 웰스 감독의 영화 「거짓의 F」에 출연해 자신의 위작 솜씨를 선보인 뒤, 1976년에 70세로 자살했습니다.

한편 르그로는 1968년에 체포된 후 도망쳤지만, 1973년에 다시 체포되었습니다. 이후 복역을 마치고 1983년, 52세의 나이로 사망했습니다.

이로써 사건이 모두 마무리되는 듯했으나, 1988년에 르그로의 동성 연인이었던 레알 르사르가 자신이 위작을 그린 당사자라고 주장하면서 사건의 진상은 다시 미궁 속으로 빠졌습니다.

엘미르 드 호리

자칭 헝가리 귀족으로, 뮌헨과 파리에서 그림을 배웠습니다. 자신의 작품을 피카소의 작품으로 착각한 사건을 계기로 위작을 그리기 시작했습니다. 1947년에 미국으로 건너가 다양한 가명으로 위작을 판매하다가 FBI의 수배를 받게 되었고, 이후 르그로에게 판매를 맡기고 자신은 제작에만 전념하게 되었다고 합니다. 하지만 이 모든 이야기는 본인이 주장한 것으로, 진위는 확인할 수 없습니다.

미국 석유 재벌 메도우는 이 모딜리아니 작품을 포함한 56점의 위작을 르그로한테 구매했습니다. 피해 총액은 약 90억 원에 달한다고 합니다.

르그로 등은 당시 90세에 가까운 된 화가 키스 반 동겐의 판단력이 흐려진 점을 이용해 "선생님의 옛 작품을 발견했습니다."라며 위작을 보여주고 그의 인정을 받아냈다고 합니다.

저자

야마다 고로 山田五郎

1958년, 도쿄도 출생. 조치대학교 문학부 재학 중 오스트리아 잘츠부르크 대학교에서 유학하며 서양 미술사를 공부했다. 졸업 후, 고단샤에 입사하여『Hot-Dog PRESS』편집장, 종합 편찬국 담당 부장 등을 거쳐 프리랜서로 활동 중이다. 현재는 서양 미술, 도시 개발, 시계 등 폭넓은 분야에서 강연과 집필 활동을 이어가고 있다. 저서로는『지식 제로에서 시작하는 서양 회화 입문』,『지식 제로에서 시작하는 서양 회화사 입문』,『지식 제로에서 시작하는 서양 회화 − 곤란한 거장들의 대결』,『지식 제로에서 시작하는 근대 회화 입문』(모두 겐토샤),『변태 미술관』(다이아몬드샤),『이상한 서양 회화』(고단샤),『어둠의 서양 회화사』(전 10권, 소겐샤) 등이 있다. TV 프로그램『출몰! 아드마틱 천국』(TV 도쿄),『여유로운 미술·박물관』(BS 닛테레) 등에 정기적으로 출연 중이며, 라디오 프로그램『야마다 고로와 나카가와 쇼코의 "리믹스 Z"』(JFN) 등에 고정 출연 중이다.

36명의 거장과 명화 속 숨은 이야기

은밀하고 난처한 미술 전시회 **2**

1 판 1 쇄 발행일 2026 년 4 월 16 일

지은이　　야마다 고로
옮긴이　　권효정
펴낸이　　김현준
펴낸곳　　도서출판 유나

경기도 용인시 수지구 만현로 20, 성산빌딩 2 층 203 호
전화 0505-922-1234　　　팩스 0505-933-1234
kim@yunabooks.com　　　www.facebook.com/yunabooks
www.yunabooks.com　　　www.instagram.com/yunabooks

ISBN 979-11-88364-57-2 (03600)

YAMADA GORO OTONA NO KYOYO KOZA SEKAIICHI YABAI
SEIYO KAIGA NO MIKATA NYUMON 2
by YAMADA GORO
Copyright © 2023 by YAMADA GORO
Original Japanese edition published by Takarajimasha, Inc.
Korean translation rights arranged with Takarajimasha, Inc.
through D&P Co.,Ltd., Gyeonggi-do.
Korean translation rights © 2026 by YUNA